Moi, je...

コミュニケーション A2

Moi, je... Communication A2

Simon Serverin
上智大学准教授

avec

Bruno Vannieu
元神戸大学特任教授

Chloé Bellec
東北大学講師

Saki Ishii
東京女子体育大学非常勤講師

Bruno Jactat
筑波大学助教

alma
Éditeur アルマ出版

www.almalang.com

Tables des matières 目次

Étapes d'une leçon　レッスンの流れ　1 - Compétence

Les leçons de compétence travaillent les compétences fondamentales nécessaires à une production orale et écrite fluide et ordonnée. Une fois la structure de la leçon et son vocabulaire étudiés, les apprenants peuvent les mettre en pratique dans des activités orales et écrites variées et ludiques.

1. Explication de la structure centrale de la leçon
2. Vocabulaire
3. Des points de grammaire concis qui se concentrent sur la grammaire de l'expression quotidienne
4. Des activités écrites pour préparer l'activité d'expression orale

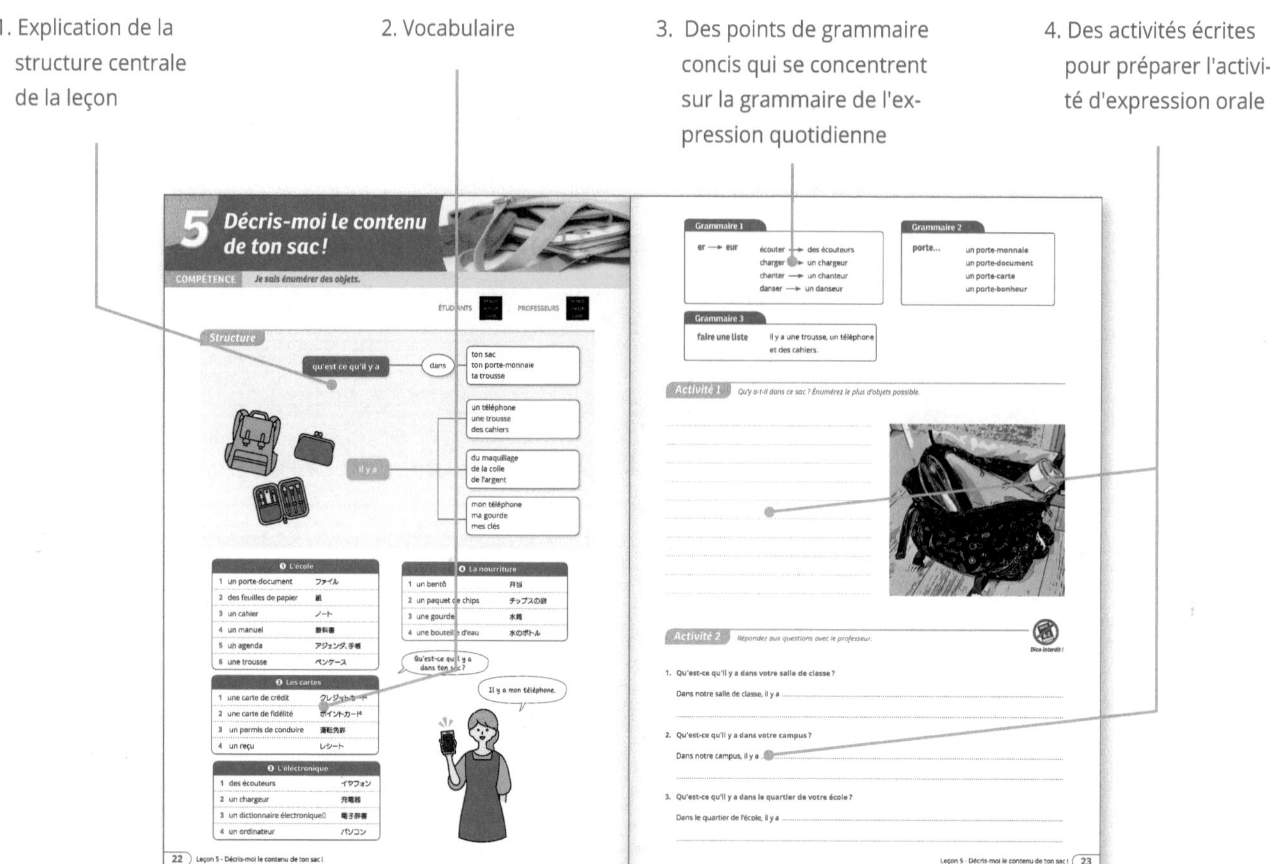

5 Décris-moi le contenu de ton sac !

COMPÉTENCE　*Je sais énumérer des objets.*

ÉTUDIANTS　PROFESSEURS

Structure

qu'est ce qu'il y a — dans — ton sac / ton porte-monnaie / ta trousse

Il y a — un téléphone / une trousse / des cahiers — du maquillage / de la colle / de l'argent — mon téléphone / ma gourde / mes clés

❶ L'école	
1 un porte-document	ファイル
2 des feuilles de papier	紙
3 un cahier	ノート
4 un manuel	教科書
5 un agenda	アジェンダ、手帳
6 une trousse	ペンケース

❷ Les cartes	
1 une carte de crédit	クレジットカード
2 une carte de fidélité	ポイントカード
3 un permis de conduire	運転免許
4 un reçu	レシート

❸ L'électronique	
1 des écouteurs	イヤフォン
2 un chargeur	充電器
3 un dictionnaire électronique	電子辞書
4 un ordinateur	パソコン

❹ La nourriture	
1 un bentô	弁当
2 un paquet de chips	チップスの袋
3 une gourde	水筒
4 une bouteille d'eau	水のボトル

Grammaire 1

er → eur　écouter → des écouteurs / charger → un chargeur / chanter → un chanteur / danser → un danseur

Grammaire 2

porte...　un porte-monnaie / un porte-document / un porte-carte / un porte-bonheur

Grammaire 3

faire une liste　Il y a une trousse, un téléphone et des cahiers.

Activité 1　*Qu'y a-t-il dans ce sac ? Énumérez le plus d'objets possible.*

Activité 2　*Répondez aux questions avec le professeur.*　Dico interdit !

1. Qu'est-ce qu'il y a dans votre salle de classe ?
   Dans notre salle de classe, il y a ……
2. Qu'est-ce qu'il y a dans votre campus ?
   Dans notre campus, il y a ……
3. Qu'est-ce qu'il y a dans le quartier de votre école ?
   Dans le quartier de l'école, il y a ……

5. Une activité centrale de communication orale, à faire en groupes pour s'exercer aux compétences fondamentales de l'expression en langue étrangère
6. Des exercices d'écoute qui reprennent le vocabulaire et les structures de la leçon
7. Des conseils de pragmatique qui montrent à l'apprenant l'importance de la compétence travaillée et la façon de la mettre en pratique dans ses conversations
8. Des devoirs reprenant les points de grammaire

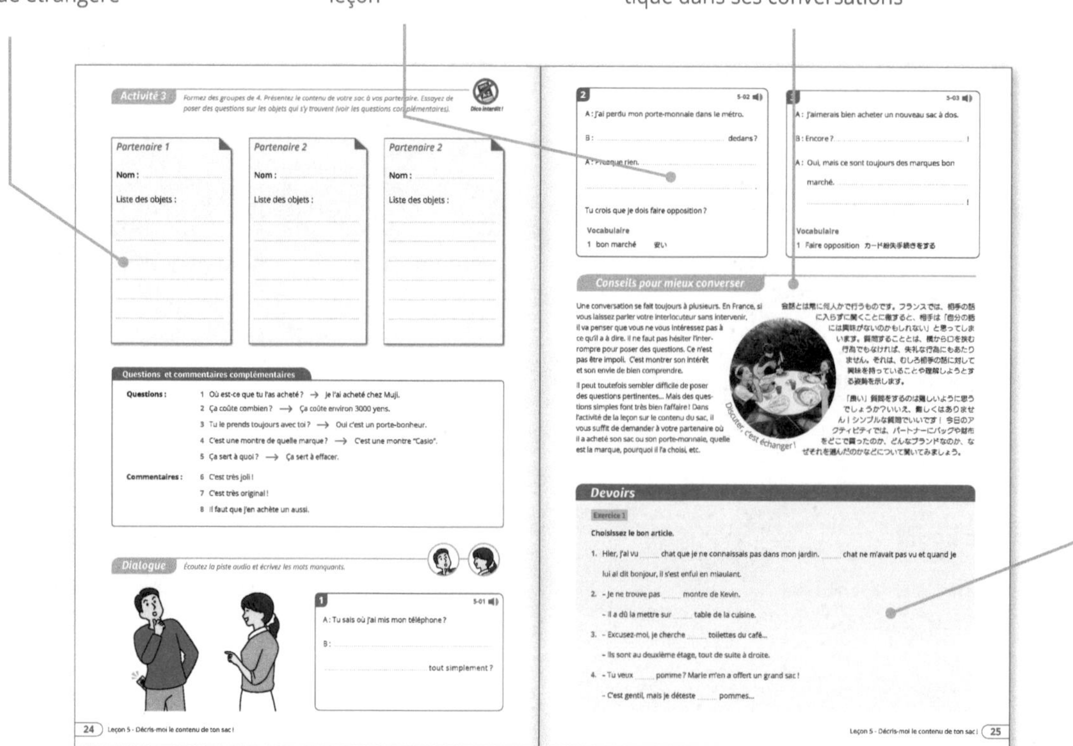

Activité 3　*Formez des groupes de 4. Présentez le contenu de votre sac à vos partenaire. Essayez de poser des questions sur les objets qui s'y trouvent (voir les questions complémentaires).*　Dico interdit !

Partenaire 1　Nom : …… Liste des objets :

Partenaire 2　Nom : …… Liste des objets :

Partenaire 2　Nom : …… Liste des objets :

Questions et commentaires complémentaires

Questions :
1 Où est-ce que tu l'as acheté ? → Je l'ai acheté chez Muji.
2 Ça coûte combien ? → Ça coûte environ 3000 yens.
3 Tu le prends toujours avec toi ? → Oui c'est un porte-bonheur.
4 C'est une montre de quelle marque ? → C'est une montre "Casio".
5 Ça sert à quoi ? → Ça sert à effacer.

Commentaires :
6 C'est très joli !
7 C'est très original !
8 Il faut que j'en achète un aussi.

Dialogue　*Écoutez la piste audio et écrivez les mots manquants.*

1　5-01
A : Tu sais où j'ai mis mon téléphone ?
B : …… tout simplement ?

2　5-02
A : J'ai perdu mon porte-monnaie dans le métro.
B : …… dedans ?
A : Presque rien. ……
Tu crois que je dois faire opposition ?
Vocabulaire
1 bon marché　安い

3　5-03
A : J'aimerais bien acheter un nouveau sac à dos.
B : Encore ? …… !
A : Oui, mais ce sont toujours des marques bon marché. …… !
Vocabulaire
1 Faire opposition　カード紛失手続きをする

Conseils pour mieux converser

Une conversation se fait toujours à plusieurs. En France, si vous laissez parler votre interlocuteur sans intervenir, il va penser que vous ne vous intéressez pas à ce qu'il a à dire. Il ne faut pas hésiter l'interrompre pour poser des questions. Ce n'est pas être impoli. C'est montrer son intérêt et son envie de bien comprendre.

Il peut toutefois sembler difficile de poser des questions pertinentes... Mais des questions simples font très bien l'affaire ! Dans l'activité de la leçon sur le contenu du sac, il vous suffit de demander à votre partenaire où il a acheté son sac ou son porte-monnaie, quelle est la marque, pourquoi il l'a choisi, etc.

Discuter, c'est échanger !

会話とは常に何人かで行うものです。フランスでは、相手の話に入らずに聞くことに徹すると、相手は「自分の話には興味がないのかもしれない」と思ってしまいます。質問することとは、横から口を挟む行為でもなければ、失礼な行為にもあたりません。それは、むしろ相手の話に対して興味を持っていることや理解しようとする姿勢を示します。

「良い」質問をするのは難しいように思うでしょうか？いいえ、難しくはありません！シンプルな質問でいいです！今日のアクティビティでは、パートナーにバッグや財布をどこで買ったのか、どんなブランドなのか、なぜそれを選んだのかなどについて聞いてみましょう。

Devoirs

Exercice 1

Choisissez le bon article.

1. Hier, j'ai vu …… chat que je ne connaissais pas dans mon jardin. …… chat ne m'avait pas vu et quand je lui ai dit bonjour, il s'est enfui en miaulant.
2. - Je ne trouve pas …… montre de Kevin.
   - Il a dû la mettre sur …… table de la cuisine.
3. - Excusez-moi, je cherche …… toilettes du café...
   - Ils sont au deuxième étage, tout de suite à droite.
4. - Tu veux …… pomme ? Marie m'en a offert un grand sac !
   - C'est gentil, mais je déteste …… pommes...

Étapes d'une leçon　レッスンの流れ　2 - Conversation

Les leçons de conversation reprennent les compétences travaillées dans les leçons de compétence pour les faire vivre dans des sujets de conversation variés et amusants. Les apprenants seront invités à réfléchir à leurs propres réponses à l'écrit, puis conduiront une conversation par groupes sur le sujet de conversation de la leçon.

1. Le sujet de conversation est fractionné en questions auxquelles les apprenants doivent répondre par écrit. Un modèle de réponse est là pour les aider dans leur rédaction.
2. Vocabulaire
3. Des points de grammaire concis qui se concentrent sur la grammaire de l'expression quotidienne
4. Des activités écrites pour préparer l'activité principale d'expression orale

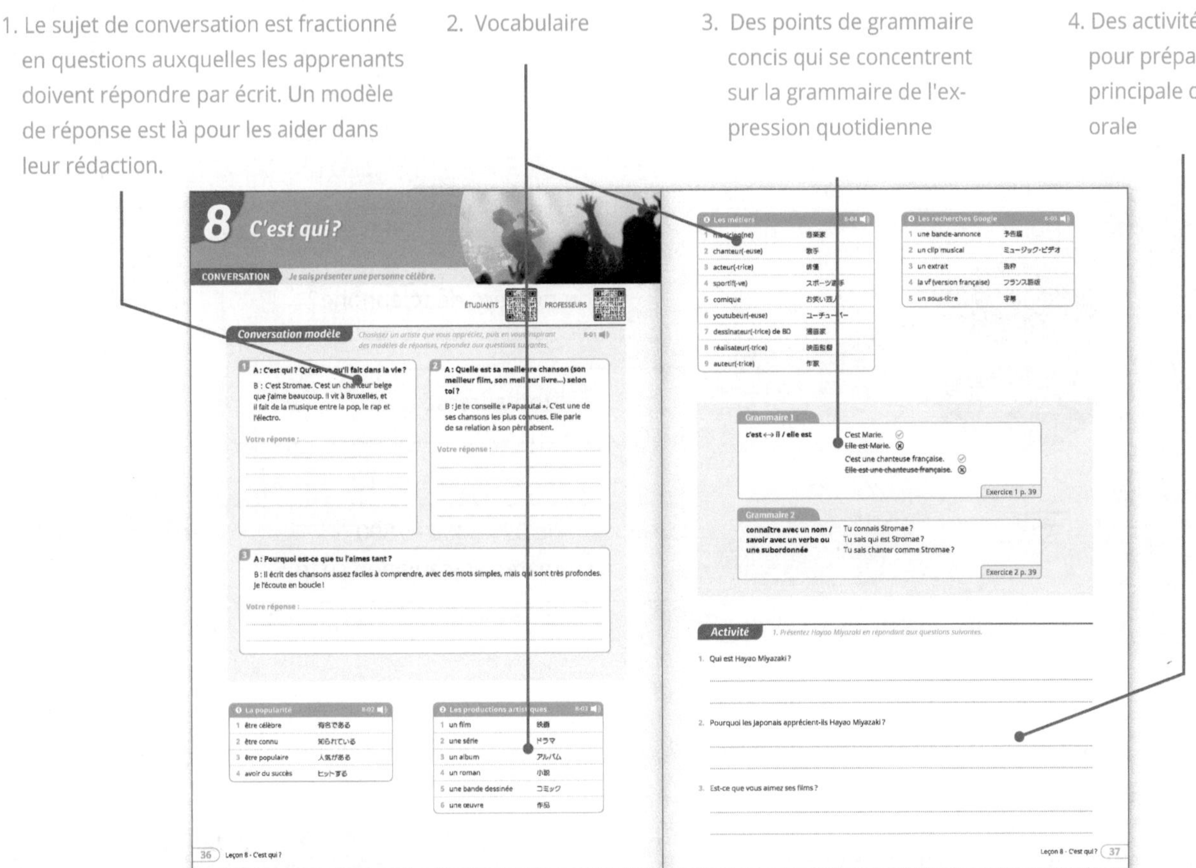

8 C'est qui ?

CONVERSATION *Je sais présenter une personne célèbre.*

ÉTUDIANTS　PROFESSEURS

Conversation modèle *Choisissez un artiste que vous appréciez, puis en vous inspirant des modèles de réponses, répondez aux questions suivantes.* 8-01

1 **A : C'est qui ? Qu'est-ce qu'il fait dans la vie ?**
B : C'est Stromae. C'est un chanteur belge que j'aime beaucoup. Il vit à Bruxelles, et il fait de la musique entre la pop, le rap et l'électro.
Votre réponse : ……

2 **A : Quelle est sa meilleure chanson (son meilleur film, son meilleur livre...) selon toi ?**
B : Je te conseille « Papaoutai ». C'est une de ses chansons les plus connues. Elle parle de sa relation à son père absent.
Votre réponse : ……

3 **A : Pourquoi est-ce que tu l'aimes tant ?**
B : Il écrit des chansons assez faciles à comprendre, avec des mots simples, mais qui sont très profondes. Je l'écoute en boucle !
Votre réponse : ……

❶ La popularité	8-02
1 être célèbre	有名である
2 être connu	知られている
3 être populaire	人気がある
4 avoir du succès	ヒットする

❷ Les productions artistiques	8-03
1 un film	映画
2 une série	ドラマ
3 un album	アルバム
4 un roman	小説
5 une bande dessinée	コミック
6 une œuvre	作品

36 Leçon 8 - C'est qui ?

❸ Les métiers	8-04
1 musicien(ne)	音楽家
2 chanteur(-euse)	歌手
3 acteur(-trice)	俳優
4 sportif(-ve)	スポーツ選手
5 comique	お笑い芸人
6 youtubeur(-euse)	ユーチューバー
7 dessinateur(-trice) de BD	漫画家
8 réalisateur(-trice)	映画監督
9 auteur(-trice)	作家

❹ Les recherches Google	8-05
1 une bande-annonce	予告編
2 un clip musical	ミュージック・ビデオ
3 un extrait	抜粋
4 la vf (version française)	フランス語版
5 un sous-titre	字幕

Grammaire 1

c'est ↔ il / elle est
C'est Marie. ✓
~~Elle est Marie.~~ ✗
C'est une chanteuse française. ✓
~~Elle est une chanteuse française.~~ ✗

Exercice 1 p. 39

Grammaire 2

connaître avec un nom / savoir avec un verbe ou une subordonnée
Tu connais Stromae ?
Tu sais qui est Stromae ?
Tu sais chanter comme Stromae ?

Exercice 2 p. 39

Activité *1. Présentez Hayao Miyazaki en répondant aux questions suivantes.*

1. Qui est Hayao Miyazaki ?
2. Pourquoi les Japonais apprécient-ils Hayao Miyazaki ?
3. Est-ce que vous aimez ses films ?

Leçon 8 - C'est qui ? 37

5. Une activité centrale de communication orale, à faire en groupes
6. Des propositions de questions complémentaires pour aider l'activité d'expression orale
7. Un dialogue moderne et naturel qui simule une conversation entre deux natifs sur le même thème que celui travaillé par les apprenants
8. Des conseils de pragmatique qui montrent à l'apprenant comment mener une conversation en français
9. Des devoirs reprenant les points de grammaire

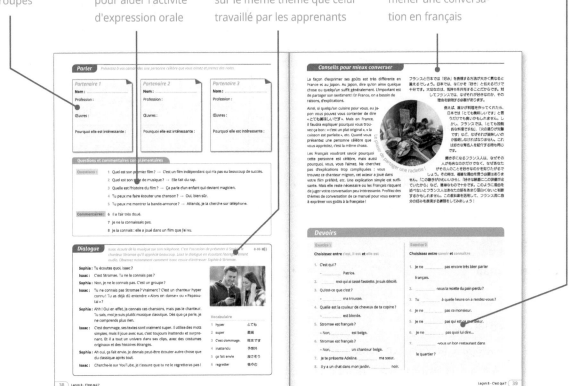

Parler *Présentez à vos camarades une personne célèbre que vous aimez et prenez des notes.*

Partenaire 1	*Partenaire 2*	*Partenaire 3*
Nom : ……	**Nom :** ……	**Nom :** ……
Profession :	Profession :	Profession :
Œuvres :	Œuvres :	Œuvres :
Pourquoi elle est intéressante :	Pourquoi elle est intéressante :	Pourquoi elle est intéressante :

Questions et commentaires complémentaires

Questions :
1 Quel est son premier film ? → C'est un film indépendant qui n'a pas eu beaucoup de succès.
2 Quel est son style de musique ? → Elle fait du rap.
3 Quelle est l'histoire du film ? → Ça parle d'un enfant qui devient magicien.
4 Tu peux me faire écouter une chanson ? → Oui, bien sûr.
5 Tu peux me montrer la bande-annonce ? → Attends, je la cherche sur téléphone.

Commentaires :
6 Il a l'air très doué.
7 Je ne la connaissais pas.
8 Je la connais : elle a joué dans un film que j'ai vu.

Dialogue *Isaac écoute de la musique sur son téléphone. C'est l'occasion de présenter à Sophia le chanteur Stromae qu'il apprécie beaucoup. Lisez le dialogue en écoutant l'enregistrement audio. Observez notamment comment Isaac essaie d'intéresser Sophia à Stromae.* 8-06

Sophia : Tu écoutes quoi, Isaac ?
Isaac : C'est Stromae. Tu ne le connais pas ?
Sophia : Non, je ne le connais pas. C'est un groupe ?
Isaac : Tu ne connais pas Stromae ? Vraiment ? C'est un chanteur hyper connu ! Tu as déjà dû entendre « Alors on danse » ou « Papaoutai » ?
Sophia : Ahh ! Oui en effet, je connais ces chansons, mais pas le chanteur. Tu sais, moi je suis plutôt musique classique. Dès que ça parle, je ne comprends plus rien.
Isaac : C'est dommage, ses textes sont vraiment super. Il utilise des mots simples, mais il joue avec eux, c'est toujours inattendu et surprenant. Et il a tout un univers dans ses clips, avec des costumes originaux et des histoires étranges.
Sophia : Ah oui, ça fait envie. Je devrais peut-être écouter autre chose que du classique après tout.
Isaac : Cherche-le sur YouTube, je t'assure que tu ne le regretteras pas !

Vocabulaire	
1 hyper	とても
2 super	最高
3 C'est dommage.	残念です
4 inattendu	予想外
5 ça fait envie	良さそう
6 regretter	悔やむ

38 Leçon 8 - C'est qui ?

Conseils pour mieux converser

La façon d'exprimer ses goûts est très différente en France et au Japon. Au Japon, dire qu'on aime quelque chose ou quelqu'un suffit généralement. L'important est de partager son sentiment ! En France, on a besoin de raisons, d'explications.

Ainsi, si quelqu'un cuisine pour vous, au Japon vous pouvez vous contenter de dire « とても美味しいです ». Mais en France, il faudra expliquer pourquoi vous trouvez ça bon : « c'est un plat original », « la cuisson est parfaite », etc. Quand vous présentez une personne célèbre que vous appréciez, c'est la même chose.

Les Français voudront savoir pourquoi cette personne est célèbre, mais aussi pourquoi, vous, vous l'aimez. Ne cherchez pas d'explications trop compliquées : vous trouvez ce chanteur mignon, cet acteur a joué dans votre film préféré, etc. Une explication simple est suffisante. Mais elle reste nécessaire ou les Français risquent de juger votre conversation peu intéressante. Profitez des thèmes de conversation de ce manuel pour vous exercer à exprimer vos goûts à la française !

フランスと日本では「好み」を表現する方法が大きく異なると言えるでしょう。日本では、なにかを「好き」と伝えるだけで十分です。大切なのは、気持ちを共有することだからです。対してフランスでは、なぜそれが好きなのか、その理由を説明する必要があります。

例えば、誰かが料理を作ってくれたら、日本では「とても美味しいです」と言うだけでも良いかもしれません。しかし、フランスでは、「とても独創的な料理ですね」、「火の通りが完璧です」など、なぜそれが美味しいのか説明しなければなりません。これは好きな有名人を紹介する時も同じです。

聞き手になるフランス人は、なぜその人が有名なのかだけでなく、なぜあなたがその人のことを好きなのかを知りたがるでしょう。その時は、複雑な理由を言う必要はありません。「この歌手がかわいいから」、「好きな映画にこの俳優が出ていたから」など、簡単なもので十分です。このように理由を述べないとフランス人はあなたの話をあまり面白くないと判断するかもしれません。この教科書を活用して、フランス流に自分の好みを表現する練習をしてみましょう！

Le plaisir de partager une raclette !

Devoirs

Exercice 1

Choisissez entre c'est, il est **et** elle est

1. C'est qui ?
 - …… Patrice.
2. …… moi qui ai cassé l'assiette. Je suis désolé.
3. Qu'est-ce que c'est ?
 - …… ma trousse.
4. Quelle est la couleur de cheveux de ta copine ?
 - …… est blonde.
5. Stromae est français ?
 - Non, …… est belge.
6. Stromae est français ?
 - Non, …… un chanteur belge.
7. Je te présente Adeline. …… ma sœur.
8. Il y a un chat dans mon jardin. …… noir.

Exercice 2

Choisissez entre savoir **et** connaître

1. Je ne …… pas encore très bien parler français.
2. ……-vous la recette du pain perdu ?
3. Tu …… à quelle heure on a rendez-vous ?
4. Je ne …… pas ce monsieur.
5. Je ne …… pas qui est ce monsieur.
6. Je ne …… pas quoi lui dire...
7. ……-vous un bon restaurant dans le quartier ?

Leçon 8 - C'est qui ? 39

1 Échangeons nos contacts !

COMPÉTENCE *Je sais compter et épeler.*

ÉTUDIANTS  PROFESSEURS 

Structure

Donner ses coordonnées.

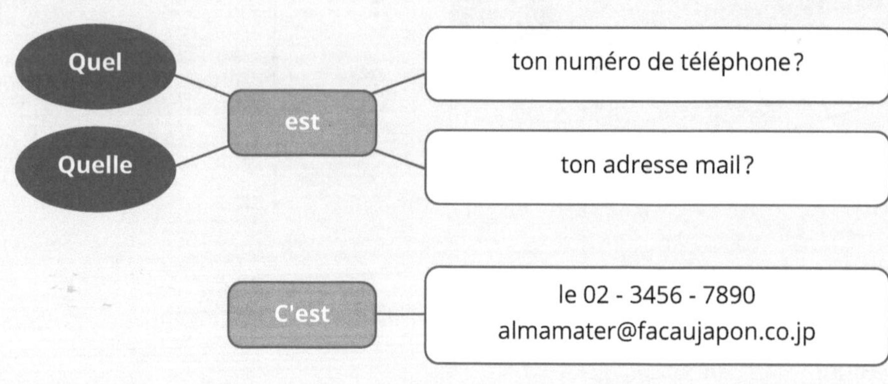

Prononciation 1

1-01

Faire comprendre les lettres difficiles à prononcer

«**b**» comme «bus»
«**v**» comme «vélo»
«**e**» comme «école»
«**u**» comme «université»
«**r**» comme «rigolo»
«**l**» comme «liberté»
«**i**» comme «Italie»
«**g**» comme «génial»
«**j**» comme «Japon»

Prononciation 2

Lire un numéro de téléphone

En France, on lit les nombres par deux, et non par quatre.

ex : 78 52 → soixante-dix-huit, cinquante-deux

Prononciation 3

Lire une adresse mail

Il vaut mieux lire une fois l'adresse en entier puis l'épeler.

Ex : marikonakano@fac.co.jp

→ «marikonakano arobase fac point co point jp»

→ M-A-R-I-K-O-N-A-K-A-N-O arobase F-A-C point C-O point J-P

❶ Les caractères spéciaux 1-02

´	é	accent aigu
`	è à ù	accent grave
ˆ	ê â ô î û	accent circonflexe
¨	ë ï	tréma
¸	ç	cédille
@		arobase
.		point
-		tiret

Vingt-cinq, soixante-trois, cinquante-deux...

Les nombres

1-03

1	un	11	onze	30	trente	70	soixante-dix
2	deux	12	douze	31	trente et un	71	soixante et onze
3	trois	13	treize	32	trente-deux	72	soixante-douze
4	quatre	14	quatorze	40	quarante	80	quatre-vingts
5	cinq	15	quinze	41	quarante et un	81	quatre-vingt-un
6	six	16	seize	42	quarante-deux	82	quatre-vingt-deux
7	sept	17	dix-sept	50	cinquante	90	quatre-vingt-dix
8	huit	18	dix-huit	51	cinquante et un	91	quatre-vingt-onze
9	neuf	19	dix-neuf	52	cinquante-deux	92	quatre-vingt-douze
10	dix	20	vingt	60	soixante	100	cent
		21	vingt et un	61	soixante et un		
		22	vingt-deux	62	soixante-deux	0	zéro

C'est quoi ton numéro de téléphone ?
C'est le 07 58 37 74 47
Et ton adresse mail ?
J'ai deux adresses mail. Mon adresse mail de la fac, c'est le 27596bcd@fac.jp Et mon adresse perso, c'est...

Activité

Inventez 4 numéros de téléphone et 4 adresses mail et écrivez-les dans le tableau ci-dessous, dans la ***colonne de gauche****. Par paire, épelez-les à votre partenaire qui doit les noter dans la* ***colonne de droite****. Aidez-vous du conseil de prononciation 1 et de la boîte de vocabulaire 1 pour clarifier les prononciations difficiles.*

Mes numéros de téléphone	Les numéros de téléphone de mon partenaire
1.	1. ....
2.	2. ....
3.	3. ....
4.	4. ....

Mes adresses mail	Les adresses mail de mon partenaire
1.	1. ....
2.	2. ....
3.	3. ....
4.	4. ....

Activité

Demandez les numéros de téléphone et les adresses mail de plusieurs camarades de cours, sous forme d'enquête. Écrivez les réponses de vos partenaires dans le tableau ci-dessous. Vous pouvez utiliser des informations fictives.

Partenaire 1	*Partenaire 2*	*Partenaire 3*
Nom :	**Nom :**	**Nom :** ....
Adresses mail :	Adresses mail :	Adresses mail :
Numéro de téléphone :	Numéro de téléphone :	Numéro de téléphone :

Dialogues

1 1-04

A : Tu peux me donner ton Line ?

B : Oulà, je ne sais jamais ....

A : Il faut aller dans ton profil et ....

....

B : OK. Tu peux le scanner ?

A : Pas de problème ! Voilà, je t'ajoute .... !

Vocabulaire

1 un contact 連絡先
2 un profil プロフィール

2 1-05

A : J'ai oublié le numéro de téléphone de Yassine.

B : Il doit être .... pourtant ?

A : Je crois que je l'ai effacé par erreur. Tu pourrais me le redonner ?

B : Bien sûr ! C'est le ....

Vocabulaire

1 redonner 再び教える
2 effacer 消す

Conseils pour mieux converser

Il est très important de savoir épeler des mots en français. C'est la clé pour que votre professeur, et plus tard les Français que vous rencontrerez, puissent vous apprendre de nouveaux mots et comment ils s'écrivent. Si vous passez par l'anglais, de nombreux problèmes vous attendent : avez-vous remarqué que le «e» s'appelle «i» en anglais? Ou que le «j» et le «g» s'appellent de façon inversée en français et en anglais? Apprendre à dire l'alphabet correctement est aussi l'occasion d'apprendre la prononciation de sons difficiles : «b» et «v», «r» et «l», «j» et «g».

Le conseil général pour prononcer ces consonnes correctement est de bien les appuyer quand vous les prononcez. Les consonnes en français sont fortes et marquées. Plus spécifiquement, le «v» se prononce en mettant en contact votre lèvre de dessous avec vos dents de dessus. Le «b» se prononce, lui, en joignant les lèvres. Le «r» est un son qui vient de la gorge, le «l» se fait avec la langue. Écoutez bien la prononciation de votre professeur pour progresser!

La France vous attend !

フランス語の単語のスペルを読みあげること、そしてそれを理解できることは、とても大切です。というのも、これは先生や、今後あなたが出会うであろうフランス人が、あなたに新しい単語のスペルを教えるときに必要だからです。英語流にスペルを書こうとすると、さまざまな問題が生じます。英語で「e(イー)」と読む文字は、フランス語では「i (イ)」を指すのに気がつきましたか?あるいは、「j」と「g」が英語とフランス語では音が逆になることはどうでしょうか?アルファベを正しく言えるようになることは、「b」と「v」、「r」と「l」、「j」と「g」といった難しい音をきちんと区別して発音できるようになることに繋がります。

これらの子音を正確に発音するためのアドバイスは、しっかりと唇を使うことです。フランス語の子音は、強く発音するため、その音が明快に聞こえます。具体的に言えば、「v」は下唇を上の歯で噛むようにして発音し、「b」は上下の唇をくっつけて発音します。「r」は喉から出る音で、「l」は舌を使って発音します。先生の発音をしっかり聞いて、上達を目指しましょう！

Devoirs

Exercice 1

1-06

Écrivez les adresses mail que vous entendez.

1. ....
2. ....
3. ....
4. ....

Exercice 2

1-07

Écrivez les numéros de téléphone que vous entendez.

1. ....
2. ....
3. ....
4. ....

2 Tu t'appelles comment ?

CONVERSATION *Je sais me présenter de façon variée.*

ÉTUDIANTS  PROFESSEURS 

Conversation modèle

Lisez les exemples d'échanges, puis répondez aux questions. Ne vous contentez pas de « juste répondre » à la question : essayez d'ajouter le plus d'informations possible ! 2-01

1 **A : Quel est votre nom ?**

B : Je m'appelle Emma Louvois. Ça s'écrit E-M-M-A.

Votre réponse : ....

....

....

....

2 **A : Où habitez-vous ?**

B : J'habite à Versailles avec mes parents. On a un chat !

Votre réponse : ....

....

....

....

3 **A : Quelle est votre profession ?**

B : Je suis étudiante en sociologie à l'université de Paris.

Votre réponse : ....

....

....

....

4 **A : Quels sont vos loisirs ?**

B : Je fais du tennis. J'en fais depuis que je suis petite.

Votre réponse : ....

....

....

....

5 **A : Quel est votre caractère ?**

B : Je suis gentille, mais un peu paresseuse.

Votre réponse : ....

....

....

❶ Les activités	2-02
1 Je fais du tennis.	テニスをします。
2 J'aime lire.	読書が好きです。
3 Je fais de la danse.	ダンスをします。
4 Je fais du dessin.	絵を描きます。
5 Je joue du piano.	ピアノを弾きます。
6 Je joue aux jeux vidéo.	ビデオゲームで遊びます。
7 Je sors avec des amis.	友達と遊びます。
8 J'aime regarder la télévision.	テレビを観るのが好きです。

❷ Le caractère	2-03
1 gentil(le)	優しい
2 timide	恥ずかしがり屋
3 dynamique	活発な
4 paresseux(-euse)	怠け者
5 intelligent(e)	賢い
6 amusant(e)	楽しい
7 sympa	感じの良い
8 rigolo(te)	面白い

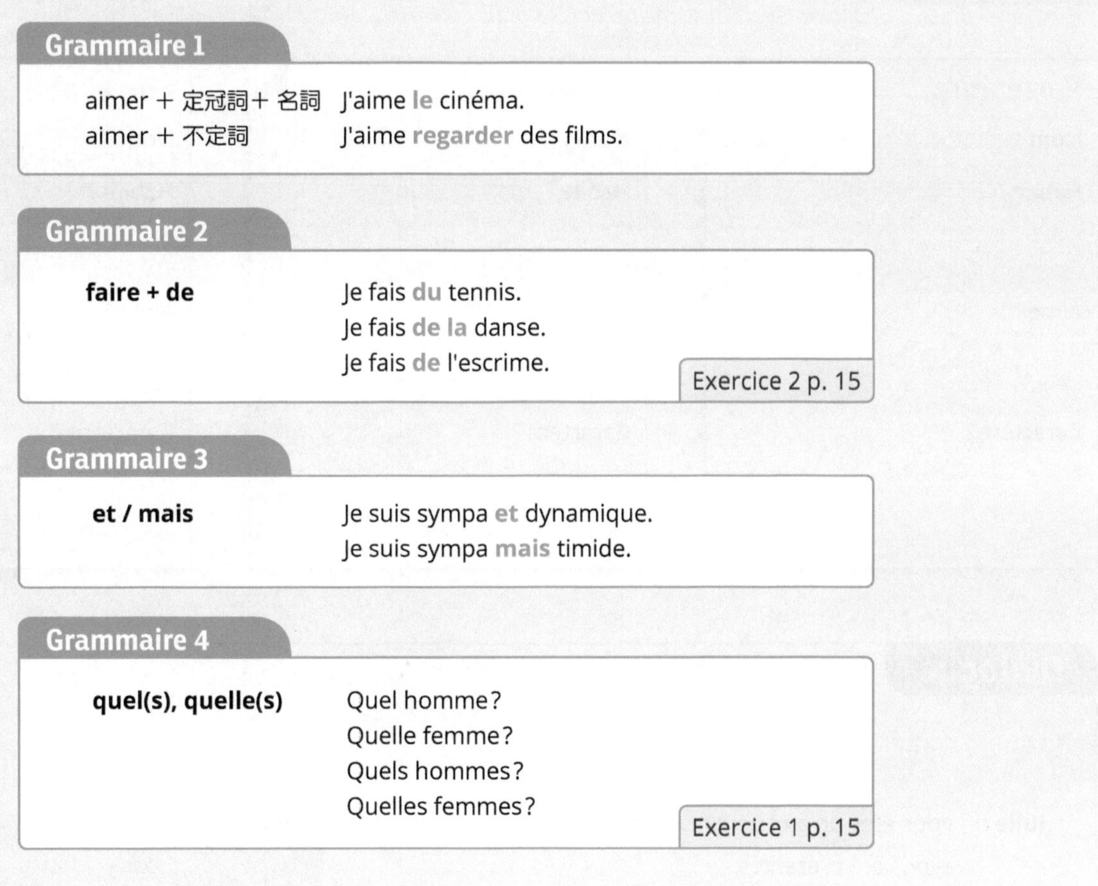

Grammaire 1

aimer + 定冠詞 + 名詞　J'aime le cinéma.
aimer + 不定詞　J'aime regarder des films.

Grammaire 2

faire + de　Je fais du tennis.
Je fais de la danse.
Je fais de l'escrime.

Exercice 2 p. 15

Grammaire 3

et / mais　Je suis sympa et dynamique.
Je suis sympa mais timide.

Grammaire 4

quel(s), quelle(s)　Quel homme ?
Quelle femme ?
Quels hommes ?
Quelles femmes ?

Exercice 1 p. 15

Activité 1

Transformez les questions ci-dessous en questions familières. Corrigez ensuite avec votre professeur.

Exemple : *Quel âge avez-vous ?* → Tu as quel âge ?

1. Quel est votre nom ? → ....

2. Où habitez-vous ? → ....

3. Quelle est votre profession ? → ....

4. Quels sont vos loisirs ? → ....

5. Quel est votre caractère ? → ....

Activité 2

Quelles autres questions pourriez-vous poser à un étudiant à qui vous vous présentez ? Réfléchissez par groupes puis proposez ensemble trois questions. Vous pourrez les utiliser ensuite dans l'activité « Parler».

1. Tu viens ici comment ? → Je viens en train.
2. Tu aimes quel genre de musique ? → J'aime la pop française.
3. ....
4. ....
5. ....

Parler

Demandez à 3 partenaires où ils habitent, ce qu'ils aiment, et quel est leur caractère. Vous pouvez ajouter des questions préparées dans l'activité 2. Notez leurs réponses dans l'espace ci-dessous.

Partenaire 1	Partenaire 2	Partenaire 3
Nom :	**Nom :**	**Nom :** ....
Habite ?	Habite ?	Habite ?
Aime ?	Aime ?	Aime ?
Caractère ?	Caractère ?	Caractère ?

Dialogue

Julie et Fabien se rencontrent à la fête d'anniversaire de Patrick. Ils font connaissance et se présentent. Lisez le dialogue en écoutant l'enregistrement audio. Observez comment Julie et David font pour que la conversation soit fluide. 2-04

Julie : Vous êtes un ami de Patrick ? Je ne crois pas que nous ayons été présentés.

Fabien : Non, en effet. Je m'appelle Fabien. Et je suis un très bon ami de Patrick ! Vous êtes sa sœur, c'est ça ?

Julie : Oui, je suis très heureuse de faire votre connaissance. C'est très gentil d'être venu à son anniversaire !

Fabien : Vous habitez à Nice aussi ?

Julie : Non, je suis à Marseille, mais je suis niçoise de naissance comme lui.

Fabien : J'adore Nice. Je suis peintre, et j'aime peindre l'arrière-pays. C'est si beau ! Vous faites quoi à Marseille ?

Julie : Je suis infirmière. Ça vous dérange si on se tutoie ?

Fabien : Non, bien sûr. Je suis content de faire ta connaissance !

Vocabulaire supplémentaire

1. un peintre 画家
2. peindre (je peins) 絵を描く
3. une infirmière 看護師
4. faire connaissance 知り合う
5. se tutoyer tuを使って話す

Conseils pour mieux converser

Parler de soi n'est pas toujours évident. Est-ce que ce que j'ai à dire sur moi va intéresser l'autre ? Est-ce que je vais paraître arrogant ? Mais c'est ce qu'attendent vos interlocuteurs français. S'ils échangent avec un Japonais, c'est qu'ils veulent mieux vous connaître, et mieux connaître votre pays. Vous êtes différent ? Tant mieux ! C'est pour ça qu'on a envie de parler avec vous !

Il faut donc avoir confiance en ce que vous dites : votre vie, ce que vous aimez, ce que vous voulez faire, etc. Tout cela est passionnant ! Il est donc important de ne pas être timide et de parler en détail de vous. Si à l'inverse vous hésitez et que vous gardez des informations, on va penser que vous vous ennuyez et que vous n'avez pas envie de parler.

Il faut montrer que vous avez envie de parler, en ajoutant le plus d'informations possible à vos réponses. Voici une petite BD qui vous expliquera la bonne attitude à avoir lors d'une conversation !

自分のことを話すのは、必ずしも容易ではありません。「相手に興味を持ってもらえるような話が自分にできるかな……？」「自分の話ばかりして傲慢だと思われないかな……？」と思いますか？そんなことはありません。対話相手であるフランス人は、むしろこれを期待しています。フランス人が日本人と話すのは、その国民性や国についてもっと知りたいからです。人それぞれに、違いがあるのは喜ばしいことです！あなたが人とは違うからこそ、フランス人は他でもないあなたと話がしたいのです！

そのため、自分の人生や、好きなこと、やりたいことなど、自らの発言に自信を持ってください。あなたを理解することを楽しみしているフランス人は、きっといます。恥ずかしがらずに、自分のことについて詳しく話してみてください。もし引っ込み思案になって自分の情報を伝えないと、相手はあなたが会話を退屈に思って、話をしようとしていないと誤解するかもしれません。

会話中に質問をされたら、できるだけ多くの情報を加えて答えましょう。「あなたと話をしたい」という意思を示すことが大切です。会話の際に取ると良い態度については、以下のイラストを参考にしてください！

Devoirs

Exercice 1

Choisissez entre quel, quels, quelle et quelles.

1. Elle a .... âge ?
2. .... est la plus rapide de ces voitures ?
3. Ce costume te va très bien, ... élégance, ... style !
4. .... photos veux-tu que je t'envoie ?

Exercice 2

Choisissez entre du, de la, de l', des, le, la et les.

1. Mon fils fait .... danse à l'école.
2. J'aimerais beaucoup faire .... athlétisme.
3. Il faudrait que j'apprenne à faire .... cuisine.
4. Tu peux aller faire .... courses s'il te plaît ?
5. Il fait .... avions en papier pour son frère.

3 Explique-moi ce mot !

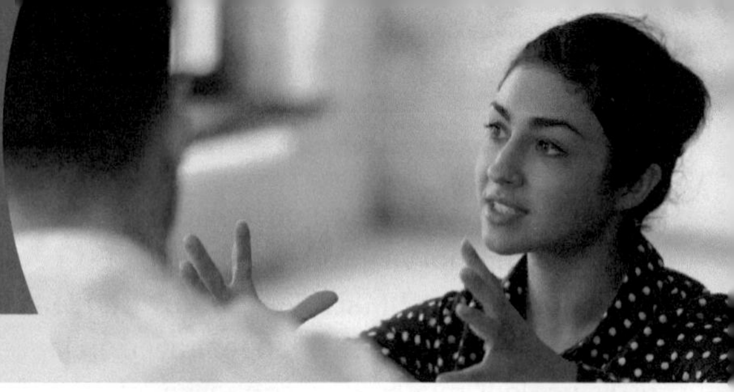

COMPÉTENCE *Je sais expliquer un mot que je ne connais pas.*

ÉTUDIANTS 

PROFESSEURS 

Structure

Savoir expliquer des mots.

Qu'est-ce que c'est ... ?

3-01

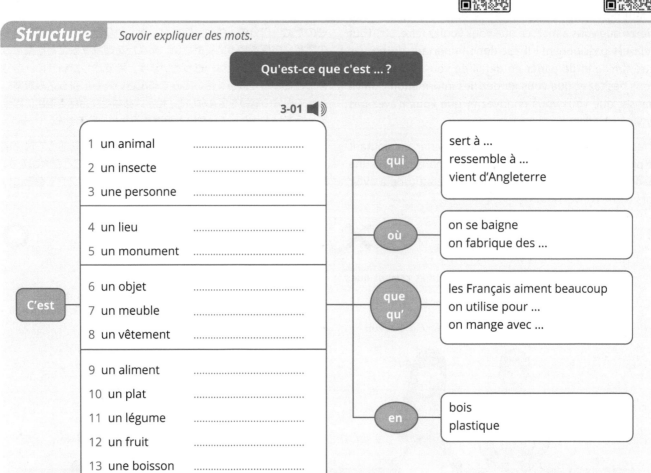

C'est

1 un animal ....
2 un insecte ....
3 une personne ....

4 un lieu ....
5 un monument ....

6 un objet ....
7 un meuble ....
8 un vêtement ....

9 un aliment ....
10 un plat ....
11 un légume ....
12 un fruit ....
13 une boisson ....

qui — sert à ... / ressemble à ... / vient d'Angleterre

où — on se baigne / on fabrique des ...

que / qu' — les Français aiment beaucoup / on utilise pour ... / on mange avec ...

en — bois / plastique

❶ Les couleurs 3-02

1	noir(e)	黒い
2	blanc(he)	白い
3	rouge	赤い
4	vert(e)	緑の
5	bleu(e)	青い

❷ Les adjectifs courants 3-03

1	petit(e)	小さい
2	grand(e)	大きい
3	traditionnel(le)	伝統的な
4	célèbre	有名な
5	ouvert(e)	開けた

❸ Le goût 3-04

1	sucré(e)	甘い
2	salé(e)	塩辛い
3	amer(-ère)	苦い
4	épicé(e)	スパイシーな
5	bon(ne)	美味しい

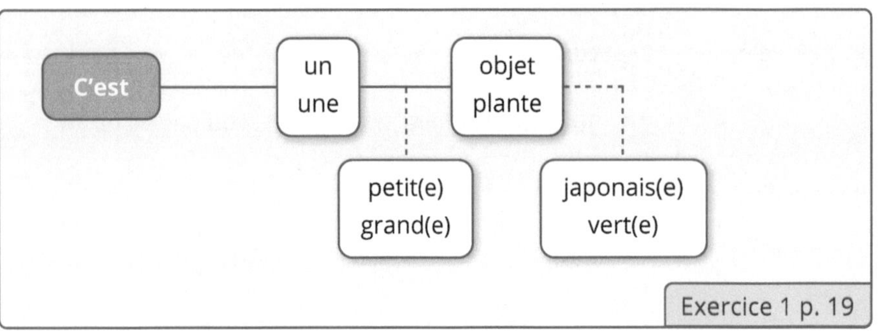

Exercice 1 p. 19

❹ Les matières 3-05

1	en métal	鉄の
2	en verre	ガラスの
3	en plastique	プラスチックの
4	en tissu	布の

Grammaire 1

les relatives

un objet **qui** permet d'ouvrir une porte
un objet **que** les Japonais aiment beaucoup
un objet **dont** on a besoin pour...
un lieu **où** on va manger
une époque **où** il n'y avait pas de voitures

Exercice 2 p. 19

Cette icône indique que cet exercice est plus intéressant si les apprenants réutilisent le vocabulaire appris plutôt que de chercher des mots nouveaux dans le dictionnaire.

Par groupes, réfléchissez comment définir simplement les mots suivants. Écrivez vos définitions en français sans utiliser de dictionnaire !

Dico interdit !

Exemple : *Qu'est-ce que c'est, un kangourou ?*
→ *C'est un animal australien qui saute très loin.*

1. Qu'est-ce que c'est, des « sandales » ?

....

....

2. Qu'est-ce que c'est, des « geta » ?

....

....

3. Qu'est-ce que c'est, un « umeboshi » ?

....

....

4. Qu'est-ce que c'est, un « tanuki » ?

....

....

5. Qu'est-ce que c'est, un « kotatsu » ?

....

....

6. Qu'est-ce que c'est, un « sento » ?

....

....

7. Qu'est-ce que c'est, un « .... » ?

....

....

Dialogues

1 3-06

A : Tu travailles où ?

B : Je travaille dans un spa.

A : Qu'est-ce que c'est, un spa ?

B : ....

....

....

2 3-07

A : Qu'est-ce que tu cherches ?

B : Je cherche mon anorak.

A : Qu'est-ce que c'est ?

B : ....

....

....

3 3-08

A : Qu'est-ce que tu prépares ?

B : De la blanquette de veau.

A : Qu'est-ce que c'est ?

B : ....

....

....

4 3-09

A : Tu veux une mandarine ?

B : Qu'est-ce que c'est, une mandarine ?

A : ....

....

....

....

Conseils pour mieux converser

Le dictionnaire interrompt la conversation. Il vaut donc mieux ne pas l'utiliser ! Quand vous voulez utiliser un mot que vous ne connaissez pas en français, demandez-le à votre interlocuteur.

人と話をしている途中で辞書を引くと、会話は中断してしまいます。そのため、辞書に頼るのはやめましょう！フランス語でどう言っていいかわからないときは、相手に直接尋ねれば良いのです！

レベル1：英語や日本語を使ってフランス語の単語を尋ねよう！
NIVEAU 1 : J'utilise la traduction en anglais ou en japonais.

レベル2：言い方がわからない単語があったら、フランス語で言い換えてみよう！必要ならジェスチャーも使おう！
NIVEAU 2 : J'explique le mot que je cherche en français. Au besoin, j'utilise des gestes !

Devoirs

Exercice 1

Placez les adjectifs avant ou après le nom. Accordez-les correctement.

1. **élégant** → Je devrais mettre une .... robe .... pour ce dîner.
2. **sérieux** → Tu peux lui faire confiance, c'est une .... personne ....
3. **transparent** → L'avantage avec ce .... parapluie .... c'est qu'on voit bien où on marche !
4. **joli** → J'ai acheté un .... chapeau .... hier, mais je n'ose pas le mettre.

Exercice 2

Choisissez les bons pronoms relatifs.

1. Quel est cet animal .... ressemble à un petit ours ?
2. Le restaurant .... nous étions allés va fermer définitivement. C'est dommage !
3. Le film .... tu m'as parlé va bientôt sortir au cinéma.
4. J'aimerais remanger ce plat .... tu m'avais préparé.
5. Je me souviens bien du jour .... je suis arrivé en France.

4 Tu es d'où ?

CONVERSATION *Je sais parler de la ville où j'habite.*

ÉTUDIANTS  PROFESSEURS 

Conversation modèle

Lisez les exemples d'échanges, puis répondez aux questions sur votre ville et votre région d'origine. 4-01

1 **A : Tu es d'où ?**

B : Je suis né à Strasbourg, mais j'ai grandi à Lyon.

Votre réponse :...

....

....

....

....

2 **A : Qu'est-ce qu'il y a à visiter, à Lyon ?**

B : C'est une très belle ville, avec beaucoup de lieux touristiques. Mon préféré est le théâtre gallo-romain. J'y piqueniquais souvent !

Votre réponse :...

....

....

....

....

3 **A : Qu'est-ce que c'est, un « théâtre gallo-romain » ?**

B : C'est un lieu où les Romains faisaient des spectacles, du théâtre, de la musique. Aujourd'hui, il n'en reste en général que des ruines.

Votre réponse :...

....

....

....

....

4 **A : Qu'est-ce qu'il y a comme spécialité culinaire, dans ta région ?**

B : Lyon est la capitale de la gastronomie ! Ce que je préfère, c'est les pralines roses.

Votre réponse :...

....

....

....

....

....

5 A : **Qu'est-ce que c'est, les pralines roses ?**

B : Ce sont des amandes au sucre rose qu'on utilise dans des desserts.

Votre réponse :...

....

....

....

❶ Les lieux connus	4-02
1 le temple Kiyomizudera	清水寺
2 le sanctuaire Fushimi Inari	伏見稲荷神社
3 le lac Biwako	琵琶湖
4 le château de Versailles	ヴェルサイユ宮殿

❷ Les viandes	4-03
1 du bœuf	牛肉
2 du porc	豚肉
3 du poulet	鶏肉
4 du poisson	魚

❸ Les fruits	4-04
1 une pomme	りんご
2 une poire	梨
3 du raisin	ぶどう
4 une pêche	桃

Grammaire 1

de
- la tour Eiffel
- la tour **de** Kyoto

Exercice 1 p. 23

Grammaire 2

au, à la, à l' Expliquer ce que contient un plat
- du lait → un café **au** lait (à + le = au)
- de la crème → une tarte **à la** crème
- de l'azuki → un gâteau **à l'**azuki

Grammaire 3

qu'est-ce que... comme
- Qu'est-ce qu'**il y a** comme **spécialité** ?
- Qu'est-ce que **tu aimes** comme **film** ?
- Qu'est-ce que **tu fais** comme **sport** ?

Activité

Répondez aux questions en décrivant ces spécialités culinaires et monuments japonais de la façon la plus simple possible.

Dico interdit !

1. Qu'est-ce que c'est, le « Himeji-jô » ?

....

....

2. Qu'est-ce que c'est, les « okonomiyakis » ?

....

....

3. Qu'est-ce que c'est, les « Tokyo bananas » ?

....

....

4. Qu'est-ce que c'est, un « bentô » ?

....

....

Parler

Demandez à des camarades d'où ils viennent, et ce qu'il y a à visiter et à manger là-bas. Notez ci-dessous leurs réponses.

Partenaire 1	Partenaire 2	Partenaire 3
Nom :	**Nom :**	**Nom :** ....
D'où ?	D'où ?	D'où ?
Quoi à visiter ?	Quoi à visiter ?	Quoi à visiter ?
Spécialités culinaires ?	Spécialités culinaires ?	Spécialités culinaires ?

Questions complémentaires

Questions :

1 C'est comment ? → C'est bon. C'est beau. C'est bien.
2 Ça a quel goût ? → C'est sucré. C'est épicé. C'est salé.
3 Qu'est-ce qu'on y parle comme dialecte ? → On y parle le Kansai-ben.
4 Tu en as déjà mangé ? → Non, mais j'aimerais bien en manger !
5 Tu y es déjà allé(e) ? → Non, mais j'aimerais beaucoup y aller !

Exercice 2 p. 23

Dialogue

Satoshi interroge Laurence sur son lieu d'origine. Elle lui parle de Lyon, une ville dans laquelle elle a grandi. Lisez le dialogue en écoutant l'enregistrement audio. Observez comment Satoshi pose ses questions. 4-05

Satoshi : Dis donc Laurence, je t'ai jamais demandé : tu es d'où ?

Laurence : Je suis née à Strasbourg, mais j'ai grandi à Lyon.

Satoshi : Je ne suis jamais allé à Lyon ! C'est une belle ville ?

Laurence : C'est une très belle ville, bien sûr, avec plein de choses à visiter ! La ville existe depuis l'antiquité, alors il y a des monuments de toutes les périodes de l'histoire de France ! Il y a même un théâtre gallo-romain. J'y piqueniquais souvent en famille !

Satoshi : Un quoi ?

Laurence : Un théâtre gallo-romain. C'est un lieu où les Romains faisaient des spectacles, du théâtre, de la musique. Aujourd'hui il ne reste que des ruines, mais on y fait encore des spectacles en plein air, et même des concerts de rock !

Satoshi : Ça doit être très sympa. Sauf en hiver ! Et la cuisine alors ? Lyon est célèbre pour sa cuisine, non ?

Laurence : Si. Lyon est souvent appelée la capitale de la gastronomie ! Tu connais les brioches à la praline lyonnaises ?

Satoshi : Non, qu'est-ce que c'est ?

Laurence : C'est des brioches aux amandes et au sucre rose. C'est un exemple parmi d'autres, mais c'est la pâtisserie lyonnaise que je préfère !

Vocabulaire supplémentaire

1 piqueniquer ピクニックをする
2 plein de たくさんの
3 une ruine 遺跡
4 en plein air 外にある
5 la gastronomie 美食
6 un exemple 例

Conseils pour mieux converser

Dans vos conversations avec des Français, vous serez amenés à parler du Japon, de sa culture, ses lieux touristiques et sa cuisine. Les Français sont curieux du Japon et ils vous poseront des questions ! Il est important de pouvoir y répondre. Par exemple, savez-vous expliquer la différence entre des « udons » et des « sobas » ? Apprendre des choses sur le Japon enrichira votre conversation.

Par contre, quand vous parlez de la culture japonaise, attention à expliquer les mots et à ne pas simplement les traduire. Ne dites pas : « Dans ma région, la spécialité c'est des nouilles ». Dites : « Dans ma région, la spécialité c'est les « udons », ce sont des nouilles blanches japonaises ».

Les merveilleuses pralines roses lyonnaises !

フランス人と話していると、日本の文化、観光地、料理について聞かれることがよくあるでしょう。フランス人は日本にとても関心を持っています！日本のことについて質問をされた時は、しっかりと答えることが大切です。例えば、あなたは「うどん」と「そば」の違いをわかりやすく説明できますか？日本について学ぶことは、会話を豊かにすることに繋がります。

その代わり、注意も必要です。日本の文化について説明する時は、単に訳すだけでなく、キーワードの説明もしましょう。「Dans ma région, la spécialité c'est les nouilles（私の出身地の名物は麺です）」といった大雑把な説明ではよく理解できません。「Dans ma région, la spécialité c'est les « udons », ce sont des nouilles blanches japonaises（私の出身地の名物はうどんです。これは日本特有の白い麺です）」のように具体的に説明しましょう。

Devoirs

Exercice 1

Mettez de quand nécessaire.

1. Je suis monté dans la tour .... infernale à Disneyland. J'ai eu très peur !
2. Le palais .... l'Empereur à Kyoto ne peut être visité qu'à certaines périodes de l'année.
3. Savez-vous où se trouve le stade .... la ville ?
4. Il faut absolument que tu visites la cathédrale .... Reims. C'est un prodige d'architecture !
5. J'ai pu visiter le temple .... Sanzenin à Ôhara. C'est une merveille !

Exercice 2

Choisissez entre bon, beau et bien.

1. Ce tableau est magnifique ! Il est vraiment très ....
2. Tu as passé le DELF B2 ? C'est ....
3. Ce gâteau a .... goût, mais il est un peu trop gras.
4. Tu as .... travaillé, je suis fier de toi.
5. Vous avez compris ? C'est .... ?
6. Un .... moyen de progresser en français est de lire beaucoup.

5 Décris-moi le contenu de ton sac !

COMPÉTENCE *Je sais énumérer des objets.*

ÉTUDIANTS  PROFESSEURS 

Structure *Dire ce qu'il y a dans son sac.*

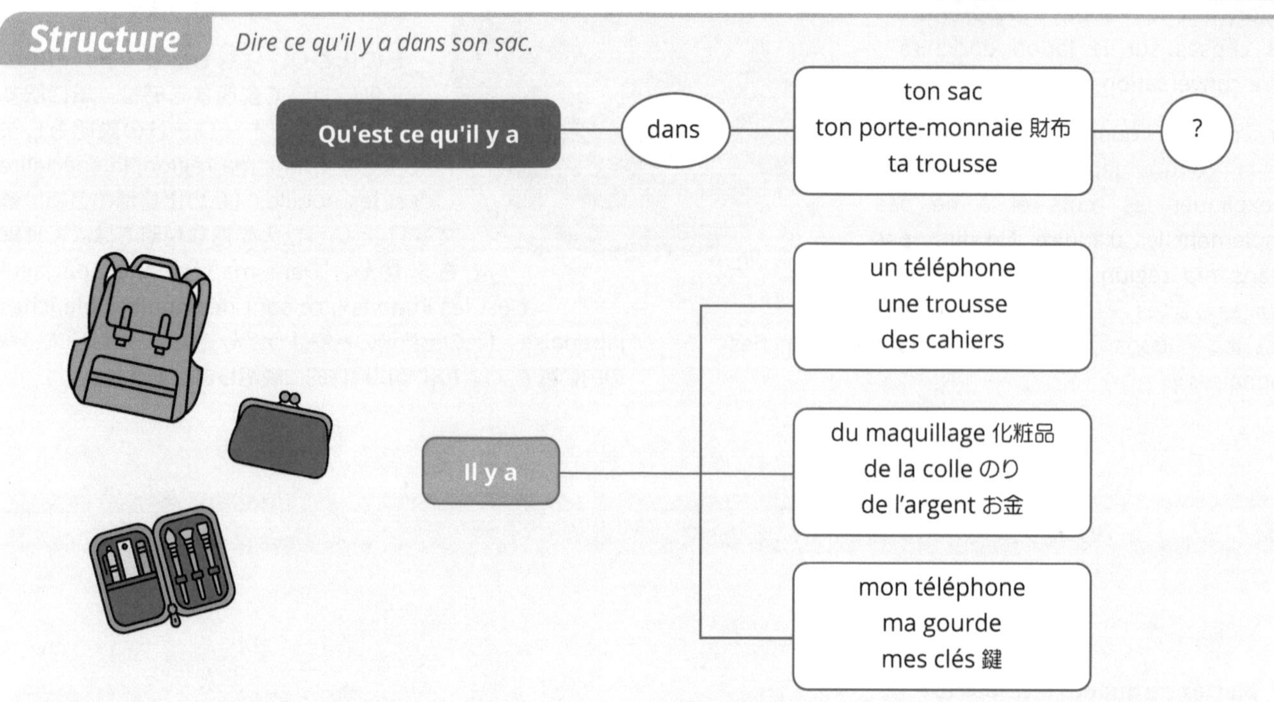

❶ L'école		5-01
1	un porte-document	ファイル
2	des feuilles de papier	紙
3	un cahier	ノート
4	un manuel	教科書
5	un agenda	アジェンダ、手帳
6	une trousse	ペンケース

❷ Les cartes		5-02
1	une carte de crédit	クレジットカード
2	une carte de fidélité	ポイントカード
3	un permis de conduire	運転免許証
4	un reçu	レシート

❸ L'éléctronique		5-03
1	des écouteurs	イヤフォン
2	un chargeur	充電器
3	un dictionnaire électronique	電子辞書
4	un ordinateur	パソコン

❹ La nourriture		5-04
1	un bentô	弁当
2	un paquet de chips	ポテトチップス1袋
3	une gourde	水筒
4	une bouteille d'eau	ペットボトルの水

Qu'est-ce qu'il y a dans ton sac ?

Il y a mon téléphone.

Grammaire 1

er → eur

écouter → des écouteurs
charger → un chargeur
chanter → un chanteur
danser → un danseur

Grammaire 2

porte...

un porte-**monnaie**
un porte-**document**
un porte-**carte**
un porte-**bonheur**
un porte-**clé**

Grammaire 3

faire une liste

Il y a une trousse**,** un téléphone **et** des cahiers.

Activité 1

Qu'y a-t-il dans ce sac ? Énumérez le plus d'objets possible.

....
....
....
....
....
....
....
....
....
....

Activité 2

Répondez aux questions ci-dessous sur ce qu'on peut trouver dans votre salle de classe, sur votre campus et dans le quartier de ce campus (ou de votre école). Puis corrigez avec votre professeur.

Dico interdit !

1. Qu'est-ce qu'il y a dans votre salle de classe ?

   Dans notre salle de classe, il y a ....

   ....

2. Qu'est-ce qu'il y a sur votre campus ?

   Sur notre campus, il y a ....

   ....

3. Qu'est-ce qu'il y a dans le quartier de votre campus ?

   Dans le quartier de notre campus, il y a ....

   ....

Activité 3

Formez des groupes. Chaque membre du groupe présente le contenu de son sac aux autres. Posez le plus de questions possibles sur les objets présentés (voir les questions complémentaires ci-après). Notez la liste des objets présentés ci-dessous.

Dico interdit !

Partenaire 1	*Partenaire 2*	*Partenaire 3*
Nom :	Nom :	Nom : ....
Liste des objets :	Liste des objets :	Liste des objets :

Questions et commentaires complémentaires

Questions :

1 Où est-ce que tu l'as acheté ? → Je l'ai acheté chez Muji.

2 Ça coûte combien ? → Ça coûte environ 3000 yens.

3 Tu le prends toujours avec toi ? → Oui, c'est un porte-bonheur.

4 C'est une montre de quelle marque ? → C'est une montre « Casio ».

5 Ça sert à quoi ? → Ça sert à effacer.

Commentaires :

6 C'est (très) joli !

7 C'est (vraiment) original !

8 Il faut que j'en achète un / une aussi.

Dialogues

Écoutez la piste audio et écrivez les mots manquants.

1 5-05

A : Tu sais où j'ai mis mon téléphone ?

B : ....

.... tout simplement ?

2 5-06

A : J'ai perdu mon porte-monnaie dans le métro.

B : .... dedans ?

A : Presque rien. ....

....

Tu crois que je dois faire opposition ?

Vocabulaire

1 faire opposition クレジットカードの停止手続きをする

3 5-07

A : J'aimerais bien acheter un nouveau sac à dos.

B : Encore ?... !

A : Oui, mais ce sont toujours des marques bon marché. ....

.... !

Vocabulaire

1 bon marché 安い

Conseils pour mieux converser

Une conversation se fait toujours à plusieurs. En France, si vous laissez parler votre interlocuteur sans intervenir, il va penser que vous ne vous intéressez pas à ce qu'il a à dire. Il ne faut pas hésiter à l'interrompre pour poser des questions. Ce n'est pas être impoli. C'est montrer son intérêt et son envie de bien comprendre.

Il peut toutefois sembler difficile de poser des questions pertinentes... Mais des questions simples font très bien l'affaire ! Dans l'activité de la leçon sur le contenu du sac, il vous suffit de demander à votre partenaire où il a acheté son sac ou son porte-monnaie, quelle est la marque, pourquoi il l'a choisi, etc.

Discuter, c'est échanger !

会話とは常に複数人で行うものです。フランスでは、相手の話に入らず、聞くことに徹すると、相手に「この人は私の話には興味がないのかもしれない」と思われてしまいます。質問することは、相手の話の邪魔をするといった失礼な行為ではありません。それは、むしろあなたが、相手の話に関心を持ち、理解しようとしている姿勢を示します。

「良い」質問をするのは難しいでしょうか？いいえ、決して難しくはありません！シンプルな質問で良いのです！ 本課のアクティビティを通じて、パートナーにバッグや財布をどこで買ったのか、どんなブランドなのか、なぜそれを選んだのかなど聞いてみましょう。

Devoirs

Exercice 1

Choisissez le bon article.

1. Hier, j'ai vu .... chat que je ne connaissais pas dans mon jardin. .... chat ne m'avait pas vu et quand je lui ai dit bonjour, il s'est enfui en miaulant.
2. – Je ne trouve pas .... montre de Kevin.

   – Il a dû la mettre sur .... table de la cuisine.
3. – Excusez-moi, je cherche .... toilettes du café...

   – Elles sont au deuxième étage, tout de suite à droite.
4. – Tu veux .... pomme ? Marie m'en a offert un grand sac !

   – C'est gentil, mais je déteste .... pommes...

6 Comment est ta chambre ?

CONVERSATION *Je sais décrire les pièces d'une maison.*

ÉTUDIANTS  PROFESSEURS 

Conversation modèle

Décrivez votre chambre en vous inspirant du modèle ci-dessous. Essayez d'être suffisamment précis pour que quelqu'un puisse la dessiner en suivant vos indications.

1 6-01

A : Comment est ta chambre ?

B : C'est **une** chambre très lumineuse, mais un peu petite. Dans ma chambre, il y a **une** porte, **deux** fenêtres, **un** lit, **une** petite table et **un** placard. En entrant, **les** fenêtres sont à gauche et à droite. **Le** lit est devant **la** fenêtre de gauche. À droite du lit, il y a **la** petite table. **Le** placard est à droite de **la** fenêtre de droite. Je m'y sens très bien !

Votre réponse : ....

....

....

....

....

La poupée est **à gauche** de la trousse.

La poupée est **à droite** de la trousse.

La poupée est **dans** la trousse.

La poupée est **derrière** la trousse.

La poupée est **devant** la trousse.

La poupée est **sous** la trousse.

La poupée est **sur** la trousse.

❶ Les positions 6-02

1	au-dessus de	上の
2	au-dessous de	下の
3	en face de	正面に
4	à côté de	隣の
5	entre... et...	間に
6	au milieu de	真ん中に

❷ Les meubles 6-03

1	une chaise	椅子
2	un lit	ベッド
3	une table	テーブル
4	un poster	ポスター
5	une porte	ドア
6	une fenêtre	窓
7	un mur	壁
8	un placard	戸棚
9	une lampe	照明

❸ Les appartements 6-04

1	c'est petit	小さいです
2	c'est grand	大きいです
3	c'est lumineux	明るいです
4	c'est sombre	暗いです
5	c'est mignon	可愛いです

Grammaire 1

不定冠詞と定冠詞 Il y a **une** télévision. **La** télévision est à côté de mon lit.

Grammaire 2

sur, à droite de

Le chat est **sur** le lit.
Le chat est **à droite du** lit.
Le chat est **sur la** chaise.
Le chat est **à droite de la** chaise.

Activité 1

Décrivez votre chambre en utilisant le modèle de la page précédente. Essayez d'être le plus précis possible.

....

....

....

....

....

....

....

....

....

Activité 2

Mettez-vous par groupes. En utilisant le texte de description de votre chambre de l'activité 1, faites à l'oral une description de votre chambre. Les autres personnes de votre groupe doivent dessiner le plan de votre chambre en utilisant vos indications. Puis écoutez les descriptions de vos camarades en dessinant leurs chambres ci-dessous.

Dico interdit !

Partenaire 1

Nom : ....

Dessin de la chambre :

Partenaire 2

Nom : ....

Dessin de la chambre :

Questions et commentaires complémentaires

Questions :

1 C'est comme ça ? → Non, la table est un peu plus à droite.

2 La table est au milieu ou à gauche de la pièce ? → Elle est au milieu.

3 Il y a combien de fenêtres ? → Il y en a 3.

Commentaires :

4 Oui, c'est ça !

5 Non, c'est de l'autre côté.

6 Le lit est un peu plus petit.

Dialogue

Sébastien explique à Marie à quoi ressemble sa chambre dans une résidence universitaire. Lisez le dialogue en écoutant l'enregistrement audio. Observez notamment comment Sébastien décrit sa chambre. 6-05

Marie : Alors, Sébastien, comment se passe ta vie dans la résidence universitaire ? Tu viens d'emménager, non ?

Sébastien : Oui, c'est pas mal. Mais bon, il n'y a qu'une chambre.

Marie : À quoi ça ressemble ?

Sébastien : Écoute, il y a juste un lit, une table de chevet et un placard. En entrant, tu as une fenêtre à gauche et une à droite, le lit est devant la fenêtre de gauche avec la table juste à côté. Le placard est contre la fenêtre de droite.

Marie : Oui, pas vraiment de quoi y organiser une fête.

Sébastien : Heureusement, il y a un espace commun avec salon et cuisine. On s'y retrouve pour discuter et faire à manger entre étudiants !

Vocabulaire

1	une résidence universitaire	学生寮
2	une table de chevet	ベッドサイドテーブル
3	un salon	リビングルーム
4	une cuisine	キッチン
5	faire à manger	料理をする

Conseils pour mieux converser

Décrire dans sa langue et décrire dans une langue étrangère sont deux exercices très différents. Dans sa langue, on peut faire des descriptions imprécises, sans organisation, et être compris. Dans une langue étrangère, c'est plus compliqué : il faut organiser sa description pour qu'elle soit claire !

Pour décrire une pièce d'une maison, il est ainsi judicieux de commencer par la porte (« en entrant »), puis les fenêtres. Il sera plus facile ensuite de placer les différents meubles avec ces points de repères. Parler dans une langue étrangère, c'est aussi être malin !

Pour bien décrire, il faut être malin !

母国語でなにかを描写するのと、外国語でそれをするのでは、全く異なります。母国語では、多少不確かかつ、あまり整理されていない情報でも大雑把に説明をすることが可能です。しかし、外国語ではそうはいきません。そのため、説明する時は明快な文を作る必要があります。

部屋の中を描写する時は、まずドアから（「入ってくるようにして」）始め、次に窓の位置を伝えると良いでしょう。そうすることで、それを基準に他の家具の位置を説明しやすくなります。外国語では、自分が話しやすいように知恵を働かせるのが肝心です！

Devoirs

Exercice 1 6-06

Faites un dessin de l'appartement en suivant les indications de la piste audio.

Exercice 2 6-07

Faites un dessin de la chambre en suivant les indications de la piste audio.

7 Décris-moi cette personne !

COMPÉTENCE *Je sais décrire une personne.*

ÉTUDIANTS  PROFESSEURS 

Structure *Savoir décrire quelqu'un.*

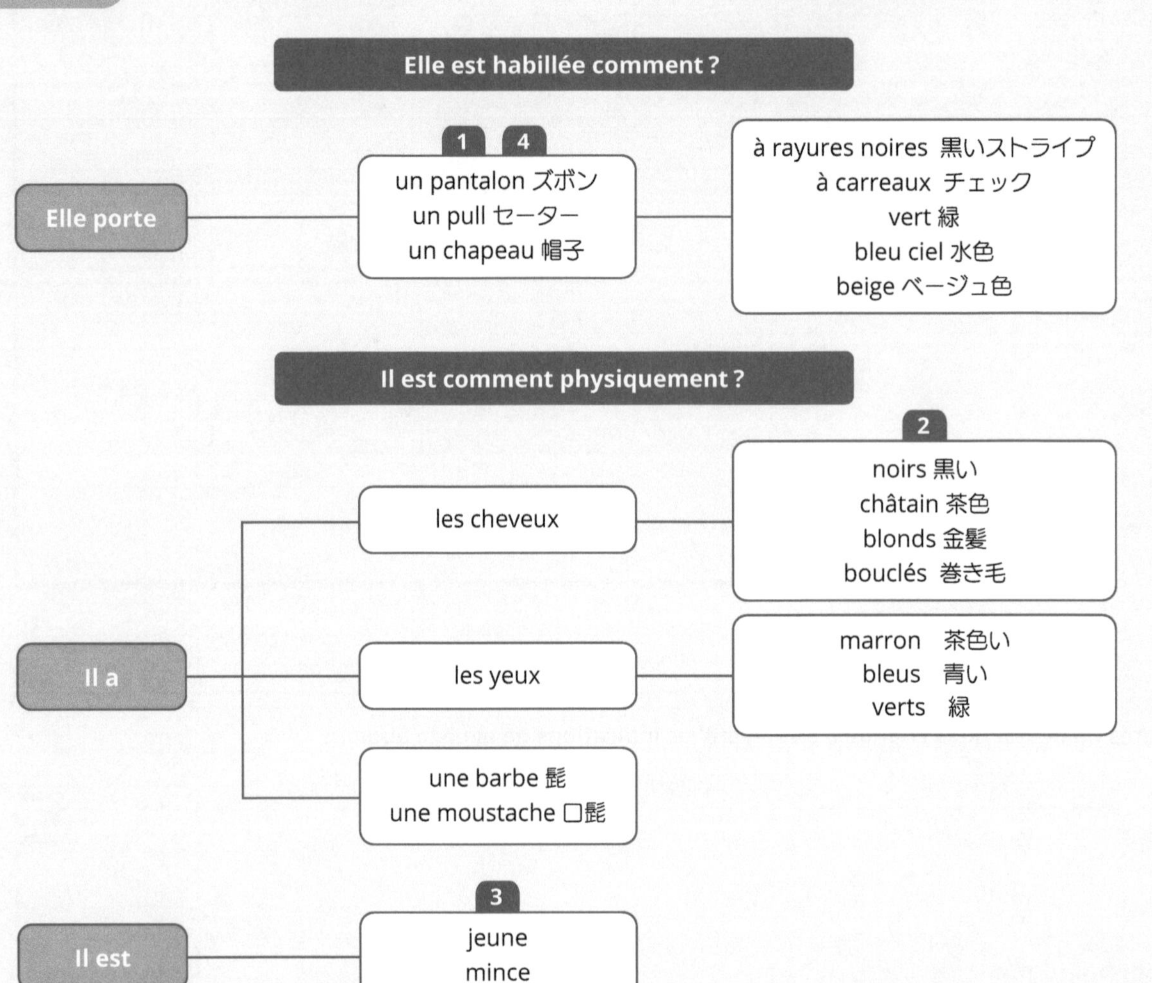

❶ Les vêtements	7-01
1 une robe	ワンピース
2 une jupe	スカート
3 un T-shirt	Tシャツ
4 une veste	ジャケット
5 une chemise	シャツ
6 un chemisier	ブラウス
7 des baskets	スニーカー
8 des chaussures à talons hauts	ハイヒール
9 des lunettes	眼鏡

❷ Les cheveux	7-02
1 roux	赤毛
2 courts	短い
3 mi-longs	ミディアムヘアー
4 longs	長い
5 attachés en queue de cheval	ポニーテール
6 attachés en chignon	シニヨン
7 avec des tresses	三つ編み
8 lâchés	結んでいない

❸ L'apparence	7-03
1 jeune	若い
2 vieux (vieille)	年取っている
3 mince	細い
4 gros(se)	太っている
5 beau (belle)	美しい
6 moche	不細工な

❹ Les accessoires	7-04
1 un collier	ネックレス
2 une bague	指輪
3 des boucles d'oreilles	ピアス

Activité 1

Reliez les mots avec les parties du corps qu'ils désignent. 7-05

le nez	les cheveux
la bouche	le visage
les oreilles	les yeux
la tête	le cou
le ventre	les doigts
le dos	les jambes
les bras	les pieds
les mains	les genoux

Activité 2

Décrivez ces personnages en quelques lignes. Corrigez avec votre professeur.

1. ....

2. ....

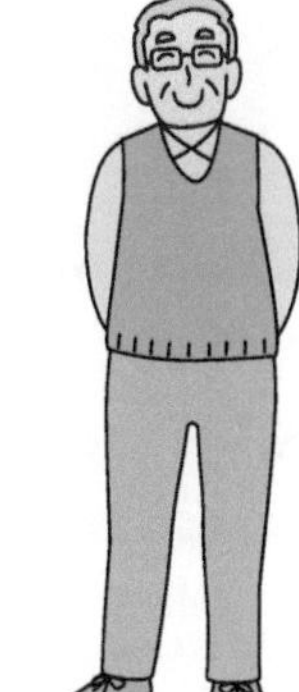

3. ....

4. ....

Activité 3

Décrivez-vous ! Comment sont vos cheveux, comment êtes-vous habillé(e) aujourd'hui, etc. ?

Dico interdit !

Exemple : *Je porte des lunettes. J'ai les cheveux noirs et les yeux marron. Aujourd'hui, je porte un jean, un T-shirt blanc et des baskets.*

....

....

....

....

Activité 4

Mettez-vous par groupes. En utilisant votre description de l'activité 3, décrivez votre apparence et vos vêtements. Prenez des notes sur l'apparence de vos partenaires.

Partenaire 1

Nom : ....

Apparence :

Vêtements :

Accessoires :

Partenaire 2

Nom : ....

Apparence :

Vêtements :

Accessoires :

Partenaire 3

Nom : ....

Apparence :

Vêtements :

Accessoires :

Dialogues

Écoutez la piste audio et dessinez l'apparence des personnages dans les cases ci-dessous.

1 7-06

3 7-07

3 7-08

Vocabulaire

1	une casquette	キャップ
2	pieds nus	裸足
3	une barrette	髪留め

Conseils pour mieux converser

Le vocabulaire du corps humain est très important en langue étrangère. C'est un des premiers que les bébés apprennent, car ils commencent par découvrir le monde par leur corps et celui de leurs parents. C'est pourquoi on retrouve ce vocabulaire dans beaucoup de locutions et d'expressions.

Il vous permettra de dire où vous avez mal (« J'ai mal aux dents, au dos »), mais aussi à décrire des objets (Le « dos » d'une chaise, les « pieds » d'une table…) , à interroger un professeur (« lever le doigt »), et dans des proverbes amusants comme « Donner sa langue au chat » ou « Avoir les yeux plus gros que le ventre ».

Vous voulez savoir ce que signifient ces expressions ? Demandez donc à votre professeur !

身体のパーツに関する単語を覚えるのは非常に重要です。例えば、赤ちゃんや子供にとって、身体のパーツの名前は、彼らが最初に学ぶ語彙のひとつだと言えます。子供は自分の身体や両親のそれを通してこの世界を発見していくからです。そのためか、こうした単語は、フランス語の表現や言い回しに数多く現れます。

例えば身体に痛みがあるとき(«J'ai mal aux dents, au dos»)、物を説明するとき(Le «dos» d'une chaise, les «pieds» d'une table…)、あるいは先生に質問するとき(«lever le doigt»)、もしくは面白いことわざ(«Donner sa langue au chat»、«Avoir les yeux plus gros que le ventre»)にまで使われています。

これらの表現の意味を知りたいですか？それでは、先生に聞いてみましょう！

Vous trouverez des exemples d'expressions utilisant du vocabulaire du corps humain sur le site de la leçon.

Devoirs

Exercice 1 7-09

Écoutez les descriptions des 3 personnages, puis dessinez-les.

Personnage 1

Personnage 2

Personnage 3

Vocabulaire

1 une cicatrice 傷痕

8 C'est qui ?

CONVERSATION *Je sais présenter une personne célèbre.*

ÉTUDIANTS  PROFESSEURS 

Conversation modèle

Choisissez un artiste que vous appréciez, puis en vous inspirant des modèles de réponses, répondez aux questions suivantes. 8-01

1 **A : C'est qui ? Qu'est-ce qu'il fait dans la vie ?**

B : C'est Stromae. C'est un chanteur belge que j'aime beaucoup. Il vit à Bruxelles, et il fait de la musique entre la pop, le rap et l'électro.

Votre réponse : ....

....

....

....

....

2 **A : Quelle est sa meilleure chanson (son meilleur film, son meilleur livre...) selon toi ?**

B : Je te conseille « Papaoutai ». C'est une de ses chansons les plus connues. Elle parle de sa relation à son père absent.

Votre réponse : ....

....

....

....

....

3 **A : Pourquoi est-ce que tu l'aimes tant ?**

B : Il écrit des chansons assez faciles à comprendre, avec des mots simples, mais qui sont très profondes. Je l'écoute en boucle !

Votre réponse : ....

....

....

❶ La popularité 8-02		
1	être célèbre	有名である
2	être connu	知られている
3	être populaire	人気がある
4	avoir du succès	ヒットする

❷ Les productions artistiques 8-03		
1	un film	映画
2	une série	ドラマ
3	un album	アルバム
4	un roman	小説
5	une bande dessinée	コミック
6	une œuvre	作品

❸ Les métiers 8-04

1	musicien(ne)	音楽家
2	chanteur(-euse)	歌手
3	acteur(-trice)	俳優
4	sportif(-ve)	スポーツ選手
5	comique	お笑い芸人
6	youtubeur(-euse)	ユーチューバー
7	dessinateur(-trice) de BD	漫画家
8	réalisateur(-trice)	映画監督
9	auteur(-trice)	作家

❹ Les recherches Google 8-05

1	une bande-annonce	予告編
2	un clip musical	ミュージック・ビデオ
3	un extrait	抜粋
4	la vf (version française)	フランス語版
5	un sous-titre	字幕

Grammaire 1

c'est ↔ il / elle est

C'est Marie. ✓
~~Elle est Marie.~~ ⊗

C'est une chanteuse française. ✓
~~Elle est une chanteuse française.~~ ⊗

Exercice 1 p. 39

Grammaire 2

connaître avec un nom / savoir avec un verbe ou une subordonnée

Tu connais Stromae ?
Tu sais qui est Stromae ?
Tu sais chanter comme Stromae ?

Exercice 2 p. 39

Activité

Présentez Hayao Miyazaki en répondant aux questions suivantes.

1. Qui est Hayao Miyazaki ?

....

....

2. Pourquoi les Japonais apprécient-ils Hayao Miyazaki ?

....

....

3. Est-ce que vous aimez ses films ?

....

....

Parler

Présentez à vos camarades une personne célèbre que vous aimez et prenez des notes.

Partenaire 1	Partenaire 2	Partenaire 3
Nom :	**Nom :**	**Nom :** ....
Profession :	Profession :	Profession :
Œuvres :	Œuvres :	Œuvres :
Pourquoi elle est intéressante :	Pourquoi elle est intéressante :	Pourquoi elle est intéressante :

Questions et commentaires complémentaires

Questions :

1 Quel est son premier film ? → C'est un film indépendant qui n'a pas eu beaucoup de succès.

2 Quel est son style de musique ? → Elle fait du rap.

3 Quelle est l'histoire du film ? → Ça parle d'un enfant qui devient magicien.

4 Tu peux me faire écouter une chanson ? → Oui, bien sûr.

5 Tu peux me montrer la bande-annonce ? → Attends, je la cherche sur téléphone.

Commentaires :

6 Il a l'air très doué.

7 Je ne la connaissais pas.

8 Je la connais : elle a joué dans un film que j'ai vu.

Dialogue

Isaac écoute de la musique sur son téléphone. C'est l'occasion de présenter à Sophia le chanteur Stromae qu'il apprécie beaucoup. Lisez le dialogue en écoutant l'enregistrement audio. Observez notamment comment Isaac essaie d'intéresser Sophia à Stromae. 8-06

Sophia : Tu écoutes quoi, Isaac ?

Isaac : C'est Stromae. Tu ne le connais pas ?

Sophia : Non, je ne le connais pas. C'est un groupe ?

Isaac : Tu ne connais pas Stromae ? Vraiment ? C'est un chanteur hyper connu ! Tu as déjà dû entendre « Alors on danse » ou « Papaoutai » ?

Sophia : Ahh ! Oui en effet, je connais ces chansons, mais pas le chanteur. Tu sais, moi je suis plutôt musique classique. Dès que ça parle, je ne comprends plus rien.

Isaac : C'est dommage, ses textes sont vraiment super. Il utilise des mots simples, mais il joue avec eux, c'est toujours inattendu et surprenant. Et il a tout un univers dans ses clips, avec des costumes originaux et des histoires étranges.

Sophia : Ah oui, ça fait envie. Je devrais peut-être écouter autre chose que du classique après tout.

Isaac : Cherche-le sur YouTube, je t'assure que tu ne le regretteras pas !

Vocabulaire

1 hyper とても

2 super 最高

3 C'est dommage. 残念です

4 inattendu 予想外

5 ça fait envie 良さそう

6 regretter 悔やむ

Conseils pour mieux converser

La façon d'exprimer ses goûts est très différente en France et au Japon. Au Japon, dire qu'on aime quelque chose ou quelqu'un suffit généralement. L'important est de partager son sentiment ! En France, on a besoin de raisons, d'explications.

Ainsi, si quelqu'un cuisine pour vous, au Japon vous pouvez vous contenter de dire « とても美味しいです ». Mais en France, il faudra expliquer pourquoi vous trouvez ça bon : « c'est un plat original », « la cuisson est parfaite », etc. Quand vous présentez une personne célèbre que vous appréciez, c'est la même chose.

Les Français voudront savoir pourquoi cette personne est célèbre, mais aussi pourquoi, vous, vous l'aimez. Ne cherchez pas d'explications trop compliquées : vous trouvez ce chanteur mignon, cet acteur a joué dans votre film préféré, etc. Une explication simple est suffisante. Mais elle reste nécessaire ou les Français risquent de juger votre conversation peu intéressante. Profitez des thèmes de conversation de ce manuel pour vous exercer à exprimer vos goûts à la française !

Le plaisir de partager une raclette !

フランスと日本では「好み」を表現する方法が大きく異なると言えるでしょう。日本では、なにかを「好き」と伝えるだけで十分です。大切なのは、気持ちを共有することだからです。対してフランスでは、なぜそれが好きなのか、その理由を説明する必要があります。

例えば、誰かが料理を作ってくれたら、日本では「とても美味しいです」と言うだけでも良いかもしれません。しかし、フランスでは、「とても独創的な料理ですね」、「火の通りが完璧です」など、なぜそれが美味しいのか説明しなければなりません。これは好きな有名人を紹介する時も同じです。

聞き手になるフランス人は、なぜその人が有名なのかだけでなく、なぜあなたがその人のことを好きなのかを知りたがるでしょう。その時は、複雑な理由を言う必要はありません。「この歌手がかわいいから」、「好きな映画にこの俳優が出ていたから」など、簡単なもので十分です。このように理由を述べないとフランス人はあなたの話をあまり面白くないと判断するかもしれません。この教科書を活用して、フランス流に自分の好みを表現する練習をしてみましょう！

Devoirs

Exercice 1

Choisissez entre c'est, il est et elle est

1. C'est qui ?
   – .... Patrice.
2. .... moi qui ai cassé l'assiette. Je suis désolé.
3. Qu'est-ce que c'est ?
   – .... ma trousse.
4. Quelle est la couleur de cheveux de ta copine ?
   – .... est blonde.
5. Stromae est français ?
   – Non, ... est belge.
6. Stromae est français ?
   – Non, ... un chanteur belge.
7. Je te présente Adeline. .... ma sœur.
8. Il y a un chat dans mon jardin. .... noir.

Exercice 2

Choisissez entre savoir et connaître

1. Je ne .... pas encore très bien parler français.
2. .... -vous la recette du pain perdu ?
3. Tu .... à quelle heure on a rendez-vous ?
4. Je ne .... pas ce monsieur.
5. Je ne .... pas qui est ce monsieur.
6. Je ne .... pas quoi lui dire...
7. .... -vous un bon restaurant dans le quartier ?

9 Fais-moi deviner cet objet !

COMPÉTENCE *Je sais décrire rapidement un objet.*

ÉTUDIANTS  PROFESSEURS 

Structure

A : C'est de quelle forme?
B : C'est en forme | de rond. / de carré. / d'étoile.

A : C'est de quelle taille?
B : C'est | petit. / grand.

A : Ça sert à quoi?
B : Ça sert | à travailler. / à manger. / à écrire.
Ça ne sert à rien.

A : Qui utilise cet objet?
B : | Les femmes. / Les hommes. / Les enfants. / Tout le monde.
On ne peut pas utiliser cet objet.

A : Où est-ce qu'on trouve cet | objet? / animal?
B : On le trouve | dehors. / dans les maisons.

A : Ça coûte combien environ?
B : En général, ça coûte entre 500 et 1000 yens.
On ne peut pas l'acheter.

A : C'est de quelle couleur?
B : C'est (en général) | noir. / rouge. / transparent.
Ça peut être de toutes les couleurs.

A : Quand est-ce qu'on utilise cet objet?
B : On l'utilise | quand il fait chaud. / quand il pleut.

❶ La taille	9-01
1 petit	小さい
2 grand	大きい
3 long	長い
4 court	短い
5 de taille moyenne	中サイズの

❷ En forme de	9-02
1 triangle	三角
2 rond	丸
3 carré	四角
4 cœur	ハート
5 étoile	星

❸ Vocabulaire des devinettes	9-03
1 Oui, c'est ça !	その通りです！
2 C'est presque ça !	近いです！
3 Non, ce n'est pas ça !	いや、違います！

❹ Les catégories			9-04
1 un accessoire	アクセサリー	5 un appareil	機械
2 une plante	植物	6 un légume	野菜
3 un objet naturel	自然のもの	7 un plat	料理
4 un objet artificiel	人工的なもの		

Grammaire 1

c'est + adjectif au masculin singulier
Les montres Rolex, **c'est** très cher !

Grammaire 1

cet objet → le
C'est un objet.
On trouve **cet objet** dans des trousses.
→ On **le** trouve dans des trousses. On l'utilise pour écrire.

Activité 1

Répondez aux questions pour faire deviner un « daruma » , puis corrigez avec votre professeur !

C'est de quelle forme ? ....

C'est de quelle couleur ? ....

C'est de quelle taille ? ....

Ça sert à quoi ? ....

On le trouve où ? ....

Ça coûte combien environ ? ....

Ça sert à quoi ? ....

Activité 2

Faites deviner par groupes à vos camarades un objet en l'expliquant et en répondant à leurs questions. Suivez le code QR pour trouver les objets à faire deviner. Attention à ne regarder que celui que vous devez faire deviner !

Dico interdit !

Partenaire 1

Nom : ....

Liste des objets :

Partenaire 2

Nom : ....

Liste des objets :

Partenaire 3

Nom : ....

Liste des objets :

Dialogues

Écoutez la piste audio et écrivez les mots manquants.

1 9-05

A : Dis, Marie, comment on dit déjà, ...

.... ?

B : Un couteau ?

A : Oui, c'est ça.

2 9-06

A : Qu'est-ce que ça veut dire, « bouffer » ?

B : C'est de l'argot. ....

....

3 9-07

A : Je n'ai jamais compris le proverbe : « Il ne faut pas pleurer sur le lait renversé. » Qu'est-ce que ça veut dire ?

B : Ça veut dire que ....

....

et qu'il vaut mieux essayer d'arranger les choses.

4 9-08

A : J'ai oublié le nom de cet acteur, ...

....

B : C'est Johnny Depp.

Conseils pour mieux converser

Comme vous l'avez déjà vu, savoir expliquer les mots que vous ne connaissez pas en français est la compétence centrale si vous voulez communiquer de façon fluide. Vous avez fait plusieurs exercices sur ce thème, et c'est le sujet de la leçon d'aujourd'hui. Comme il s'agit d'exercices, votre professeur préfère sans doute que vous ne « trichiez » pas afin de vous entraîner. Mais dans la vraie vie, « tricher » n'est non seulement pas interdit, mais conseillé ! Qu'est-ce que « tricher » ?

C'est utiliser des gestes pour décrire le mot que vous cherchez, utiliser un exemple (par exemple, dire « Casio » ou « Seiko » pour faire deviner une montre), utiliser des références à des livres ou des films (« Harry Potter utilise cet objet » pour la baguette magique...). Dans une conversation réelle, l'important est que vous puissiez vite faire deviner le mot que vous cherchez à votre interlocuteur. Mais alors, pourquoi ne pas utiliser simplement le dictionnaire ?

Parce qu'expliquer le mot que vous cherchez n'interrompt pas la conversation contrairement au dictionnaire. C'est comme un jeu que vous proposez à votre interlocuteur. C'est plus amusant de parler avec quelqu'un qui mime les mots qu'il ne connaît pas que quelqu'un qui a le nez dans son dictionnaire !

ここまで見てきたように、フランス語でどう言ったらいいかわからない単語を、別の言葉に言い換えて説明することは、相手と滞りなく会話をするために大切な能力です。既に練習してきたこのテーマが、本課においても重要なポイントでした。もしかしたら、先生は、あなたのフランス語力を鍛えるために「ごまかすこと」を許さないかもしれません。しかし、実際の会話では「ごまかし」は禁止されていません。それどころか、むしろ推奨されてまでいます！さて、ここで言う「ごまかし」とは一体何を指しているのでしょうか。

それは、あなたが言いたい言葉をジェスチャーで表現することや、例を効果的に用いること（例えば「腕時計」という単語を相手に理解してもらうために、「カシオ」や「セイコー」という具体的な例を挙げるなど）、また本や映画を参考にすること（「魔法の杖」という単語を推測してもらうために、「ハリー・ポッターはこれを使っています」と言うなど）を意味します。実際の会話において重要なのは、自分が言いたい単語を相手に素早く推測してもらうことです。しかしながら、それなら、単純に辞書を使用した方が良いのではないか、という意見もあるでしょう。それは違います。

なぜなら辞書を使用すると、会話が中断してしまうからです。わからない単語を言い換えて説明することは、クイズ・ゲームのようであり、会話の一部にさえなります。無言で辞書に向かうよりも、ジェスチャーや例を使った方が、もっと会話が楽しくなりますよ！

Devoirs

Exercice 1

Écrivez un texte de présentation de l'animal et des objets suivants comme si vous deviez les faire deviner à quelqu'un.

10 Pourquoi cet objet est-il important pour toi ?

CONVERSATION *Je sais parler d'un objet qui est important pour moi.*

ÉTUDIANTS   PROFESSEURS 

Conversation modèle

Choisissez un objet qui est important pour vous. C'est encore mieux si vous l'avez avec vous dans la salle de classe. Puis en vous inspirant des modèles de réponses, répondez aux questions suivantes. 10-01

1

A : C'est quoi ?

B : C'est mon crayon à papier porte-bonheur ! Ma mère me l'a donné le jour du Kyôtsu Test et depuis, je fais tous mes examens avec.

Votre réponse : ....

....

....

....

....

....

....

2

A : Pourquoi est-il important pour toi ?

B : Ce n'est pas un objet cher, mais quand j'étais au lycée, je n'étais pas un bon élève et ma mère m'a beaucoup aidé dans mes études. Grâce à ce crayon, j'ai l'impression qu'elle est à côté de moi pendant les examens.

Votre réponse : ....

....

....

....

....

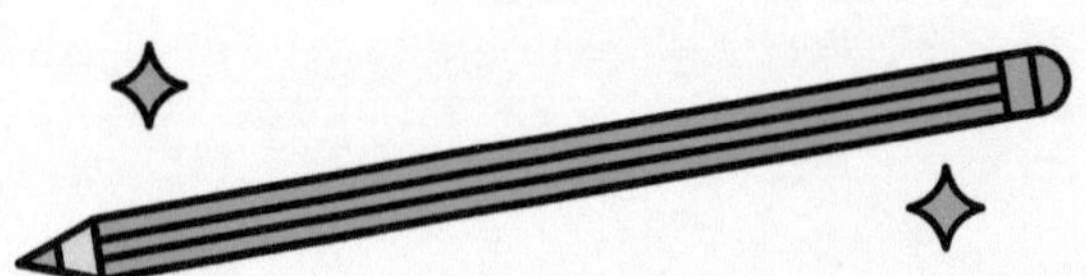

❶ Les objets	10-02
1 un cadeau(x)	プレゼント
2 un bijou(x)	宝石
3 un vêtement	服
4 un livre	本
5 un accessoire	アクセサリー
6 un appareil	機械

❷ Recevoir	10-03
1 je l'ai reçu	もらった
2 on me l'a offert	プレゼントされた
3 je l'ai acheté	買った
4 je l'ai trouvé	見つけた

❸ Verbes	10-04
1 je me souviens de	思い出す
2 je pense à	～を思う
3 je collectionne	収集する

Grammaire 1

passé composé Je l'**ai acheté** il y a longtemps.
On me l'**a donné** pour mon anniversaire.

Exercice 1 p. 47

Grammaire 2

imparfait Quand **j'avais** 5 ans, je l'**utilisais** tout le temps, mais maintenant je ne l'utilise plus.

Exercice 1 p. 47

Grammaire 3

le lui en/y J'offre **un** livre à ma mère
→ Je **le lui** offre.
Je donne **du** pain **aux** oiseaux.
→ Je **leur en** donne.

Exercice 2 p. 47

Grammaire 4

grâce à / à cause de J'ai réussi l'examen **grâce à** mon travail.
J'ai raté l'examen **à cause de** ma paresse.

Exercice 2 p. 47

Activité

Cendrillon a maintenant 30 ans. Elle a eu de nombreux enfants avec le Prince Charmant. Expliquez pourquoi sa chaussure de verre est importante pour elle. Écrivez à la première personne du singulier (« je »). Rédigez le texte par groupes, puis corrigez avec votre professeur.

Parler

Demandez à vos partenaires quel objet a de l'importance pour eux. Prenez des notes sur leurs réponses ci-dessous.

Partenaire 1	*Partenaire 2*	*Partenaire 3*
Nom :	**Nom :**	**Nom :** ....
Reçu comment ?	Reçu comment ?	Reçu comment ?
Raison de l'importance ?	Raison de l'importance ?	Raison de l'importance ?

Questions et commentaires complémentaires

Questions :

1 Qui te l'a offert ? → C'est un cadeau d'un ami.

2 Tu l'as acheté où ? → Je l'ai acheté dans un magasin d'Harajuku.

3 Ça a coûté combien ? → Ça a coûté environ 3 000 yens.

4 Tu l'emportes toujours avec toi ? → Oui, je ne m'en sépare jamais !

5 Tu l'as depuis combien de temps ? → Je l'ai depuis trois ans.

Commentaires :

6 C'est vraiment joli.

7 Je ne la connaissais pas.

8 J'aime aussi beaucoup cette marque.

Dialogue

Tetsu explique à Manon pourquoi il tient à son crayon à papier. Lisez le dialogue en écoutant l'enregistrement audio. Observez notamment comment Tetsu relate son expérience avec ce crayon. 10-05

Manon : Tu peux me prêter ton crayon à papier ?

Tetsu : Celui-là non, j'y tiens trop !

Manon : Ah bon ! Qu'est-ce qu'il a de particulier ?

Tetsu : Ce n'est pas un crayon cher, mais ma mère me l'a donné pour passer le Kyôtsu Test quand j'étais lycéen.

Manon : Le quoi ?

Tetsu : Le Kyôtsu Test. C'est un peu comme le bac chez vous. Enfin, c'est plus stressant parce que ça décide de l'université où tu peux aller. Je peux te dire que ce n'est pas un excellent souvenir. Je n'étais pas un élève très travailleur, et ma mère m'a beaucoup, beaucoup aidé quand j'étais au lycée. Grâce à elle, le Kyôtsu Test s'est bien passé finalement, alors du coup, j'utilise ce crayon pour tous mes examens.

Manon : Je vois que tu y tiens, en effet. Tu n'aurais pas un autre crayon dans ta trousse ?

Vocabulaire

1 tenir à　大切にする

2 prêter　貸す

3 stressant　ストレスがかかる

4 excellent　素晴らしい

5 du coup　その結果

6 finalement　最終的に

Conseils pour mieux converser

« Professeur, moi, je n'ai pas d'objet particulier ! ». En effet, tout le monde n'a pas un objet précieux légué par un aïeul ou une médaille gagnée lors d'une compétition de volley au lycée... Parfois, on se bloque parce qu'on a l'impression que les histoires que nous pouvons raconter sur nous et notre vie ne sont pas assez intéressantes, trop banales...

Mais dans la conversation, ce qui compte, c'est de parler et d'échanger ! Un « omamori » que vous avez acheté durant « obon », un porte-clés que vous avez gagné dans un « gaccha »... tout cela peut être passionnant ! Dans quel temple avez-vous acheté cet « omamori » ? Le personnage sur votre porte-clés vient de quel manga ? On peut très simplement avoir une conversation intéressante si on est curieux de l'autre et de soi !

「先生！私には、大切にしている物が特にありません！」という声が聞こえてきそうですね。確かに、誰もがおじいさんから譲り受けた貴重な物品や、高校時代に所属したバレーボール部で勝ち取ったメダルを持っているわけではありません。私たちは、時に、自分の話や人生が別段面白くなく、平凡すぎるのではないかと考えてしまいます。そして、それについて話をする価値がないと思ってしまうことがあります。

しかしながら、会話において重要なのは、他者と話すことであり、交流することです！そのため、あなたがお盆の帰省中に買った「お守り」や、ガチャで当たった「キーホルダー」なども十分面白い物になり得るでしょう！そのお守りは、どのお寺で購入したのか？そのキーホルダーに描かれているキャラクターは、どのマンガのものなのか？このように、自分や対話相手に対して好奇心を持てば、楽しい会話をすることは簡単なのです！

Devoirs

Exercice 1

Mettez les verbes suivants au passé composé ou à l'imparfait.

1. Quand j' .... (être) au collège, je .... (danser) tous les jours !
2. Quand j' .... (être) petit, ma mère m' .... (acheter) un camion Lego.
3. Quand j' .... (être) au lycée, je .... (faire) partie du club de théâtre.

Exercice 2

Réécrivez les phrases suivantes en remplaçant les mots soulignés par des pronoms.

Exemple : Ma mère a offert <u>une photo</u> <u>à moi</u>. → Ma mère m'en a offert une.

1. Mon père a offert <u>un livre</u> <u>à ma sœur</u>. → ....
2. J'ai donné <u>le stylo</u> <u>au professeur</u>. → ....
3. J'achète <u>cet omamori</u> <u>pour vous</u>. → ....

Exercice 3

Choisissez entre grâce à (au, à la, à l') et à cause de (du, de la, d').

1. Je suis arrivé premier à la course .... mes efforts.
2. Il a pu partir en France .... soutien de son professeur.
3. Je suis en retard .... train.

11 Décris-moi ce tableau !

COMPÉTENCE *Je sais décrire un tableau.*

ÉTUDIANTS   PROFESSEURS 

Structure

Observez l'illustration ci-dessous et répondez aux questions.

Merci à l'APEF d'avoir autorisé amicalement la reproduction de cette illustration. ©APEF 

A : Ça se passe où ?

B : Ça se passe ....

A : Il y a combien de personnes ?

B : Il y a quatre personnes : un .... , une .... et deux ....

A : Qu'est-ce qu'on voit sur l'image ?

B : On voit des personnes devant ....

A : Le petit garçon est habillé comment ?

B : Il porte un .... avec un .... Il a une .... autour du cou.

A : Qu'est-ce que l'homme tient dans ses mains ?

B : Il tient ....

A : Qu'est-ce que l'homme regarde ?

B : Il regarde la carte.

A : Qu'est-ce qu'ils font ?

B : ....

A : Quel temps fait-il ?

B : Il fait ....

A : Qu'est-ce qu'il y a à droite de la femme ?

B : Il y a ....

❶ Les personnes 11-01

1	une femme	女性
2	un homme	男性
3	une jeune fille	若い女性
4	un jeune homme	若い男性
5	un petit garçon	少年
6	une petite fille	少女
7	une vieille dame	年配の女性
8	un vieil homme	年配の男性
9	un animal	動物

❷ Les verbes de position 11-02

1	Il regarde vers la droite.	右の方を見ている。
2	Il tient un livre dans la main droite.	右手に本を持っている。
3	Il est debout.	立っている。
4	Il est assis(e).	座っている。
5	Il est de face.	前を向いている。
6	Il est de dos.	後ろを向いている。

Grammaire 1

une / la

Il y a **une** femme au centre. **La** femme est belle.

Exercice 1 p. 51

Grammaire 2

un(e) de... / l'autre

Il y a **deux** hommes.
Un des hommes porte un chapeau, **l'autre** porte des lunettes.

Grammaire 3

celui qui / celle qui

Il y a **deux** hommes.
Celui qui est à gauche porte un chapeau, **celui qui est à droite** porte des lunettes.

Activité 1

Complétez la description du tableau d'Eugène Delacroix « La Liberté guidant le peuple » ci-dessous.

C'est un .... qui décrit la révolution des Trois Glorieuses. Au milieu, il y a ...., seins nus, qui tient dans sa main droite ...., et dans sa main gauche .... Elle porte .... et .... sur la tête. À droite de la femme, il y a .... qui tient des .... Il porte .... À l'arrière-plan, il y a Paris qui brûle. Au premier plan, on voit des .... par terre.

Activité 2

Décrivez un tableau à un partenaire qui doit le dessiner juste en vous écoutant. Suivez le code QR pour trouver les tableaux à décrire. Attention à ne regarder que celui que vous devez faire dessiner ! L'activité peut se faire par groupes, au tableau ou sur table.

DICO
A-Z
Dico interdit !

Au milieu, il y a une femme...
Comme ça ?

Vocabulaire

1 Comme ça ?

2 Oui, comme ça !

3 Non, pas comme ça.

4 Bravo, tu dessines bien !

5 Un peu plus à gauche.

Activité 3

L'enregistrement audio décrit un tableau. En suivant les indications de cette description, dessinez-le dans le cadre ci-dessous. 11-03

Conseils pour mieux converser

De nombreux examens de langue comme le Futsuken utilisent des descriptions d'images lors de leurs examens oraux. C'est donc important de s'y préparer. Quand vous décrivez un tableau ou une image, il est important de le faire de façon organisée.

L'ordre le plus simple est : ① dire le thème du tableau (ça se passe où ?, à quelle époque ?), ② dire ce qu'il y a sur le tableau et ce que font les personnages, ③ décrire les personnages principaux, généralement au centre du tableau, ④ décrire le premier-plan, ⑤ décrire l'arrière-plan. En vous organisant bien, vous arriverez à vous faire comprendre même si vous faites quelques fautes !

仏検などの語学資格試験では、口頭試問の際に写真や絵の描写を要求されることがあります。その時には、順序立てて説明することが何よりも重要です。

次のような順序で話せば一番シンプルです。①大まかな状況（いつ、どこで、など）を述べる、②誰がいるか、何があるかを列挙する、③主役は誰か（何か）を述べる、④前景を説明する、⑤後景を説明する。このように情報を整理すれば、多少フランス語の誤りがあってもきっと理解してもらえるでしょう！

Exercice de description d'image au tableau

Devoirs

Exercice 1

Choisissez le bon article (un, une, des ou le, la, les).

J'ai .... maison au bord de la mer. Elle est très belle ! Elle donne sur .... plage de sable blanc.

Il y a .... chambre, ... cuisine et .... salon. .... chambre est à l'étage. Elle a

.... vue sur .... mer. .... cuisine est toute petite, mais .... salon est assez grand.

Exercice 2 11-04

Dessinez le tableau en suivant les indications de la piste audio.

Vocabulaire

1 nu 裸
2 une cravate ネクタイ
3 des restes 食べ残し
4 se baigner 水浴びをする・泳ぐ

12 Quel est ton film préféré ?

CONVERSATION *Je sais raconter l'histoire d'un film que j'aime.*

ÉTUDIANTS  PROFESSEURS 

Conversation modèle

Choisissez un film que vous aimez : un film qui est important pour vous ou que vous voulez faire découvrir aux autres. Puis, répondez aux questions suivantes. 12-01

1 **A : Quel est ton film préféré ?**

B : Mon film préféré est « Populaire ». Je l'ai regardé sur Netflix avec ma mère.

Votre réponse :...

2 **A : C'est quel genre de film ?**

B : C'est une comédie romantique.

Votre réponse :...

3 **A : Quelle est l'histoire du film ?**

B : C'est l'histoire d'une jeune femme qui devient secrétaire dans les années 60 en France. Elle travaille pour un patron qui adore le sport. Comme elle tape très vite à la machine à écrire, il décide de l'entraîner pour faire des compétitions de machine à écrire.

Votre réponse :...

4 **A : Pourquoi ce film est-il intéressant ?**

B : C'est une comédie qui parodie les films de sport, parce qu'un concours de machine à écrire, c'est un peu ridicule. Donc on rit beaucoup. Mais en même temps, le film raconte sérieusement une belle histoire d'amour et même si on rit, on est émus !

Votre réponse :...

❶ Les genres de films 12-02

1	une série	ドラマ
2	une comédie	コメディ
3	une comédie romantique	ラブ・コメディ
4	un film d'horreur	ホラー映画
5	un film d'action	アクション映画
6	un documentaire	ドキュメンタリー
7	un film d'animation	アニメ映画

❷ Les émotions 12-03

1	triste	悲しい
2	amusant(e)	楽しい
3	émouvant(e)	感動的な
4	palpitant(e)	ワクワクさせる
5	rigolo(te)	面白い
6	effrayant(e)	怖い

Grammaire 1

aller voir / regarder

Je **suis allé(e)** voir Harry Potter au cinéma.
J'**ai regardé** Harry Potter à la télévision.

Grammaire 2

rire

je ris	nous rions
tu ris	vous riez
il / elle / on rit	ils / elles rient

Grammaire 3

C'est l'histoire de...

C'est **l'histoire d'un** sorcier **qui** va dans une école de magie.
C'est **l'histoire d'un** pirate **qui** cherche les fruits du dragon.

Activité

Répondez aux deux questions suivantes sur le film de Hayao Miyazaki, « Kiki, la petite sorcière ».

1. Quelle est l'histoire du film « Kiki, la petite sorcière » ?

....

....

....

2. Pourquoi le film « Kiki, la petite sorcière » est-il intéressant ?

....

....

....

Parler

Discutez par groupes sur les films que vous aimez et prenez des notes ci-dessous.

Partenaire 1
Nom : ....
Nom du film :
Genre :
Histoire :
Pourquoi ?

Partenaire 2
Nom : ....
Nom du film :
Genre :
Histoire :
Pourquoi ?

Partenaire 3
Nom : ....
Nom du film :
Genre :
Histoire :
Pourquoi ?

Questions complémentaires

Questions :

1 Tu l'as vu quand ? → Je l'ai vu dimanche dernier.

2 Tu l'as vu avec qui ? → Je l'ai vu avec des amis.

3 C'est comment ? → C'est intéressant.

4 Qui est le réalisateur ? → C'est Régis Roinsard.

5 C'est un film avec qui ? → C'est un film avec Déborah François et Romain Duris.

Commentaires :

6 Moi aussi je l'ai vu !

7 Moi, je ne l'ai pas vu !

8 J'aimerais bien le voir !

9 Ça a l'air intéressant !

Dialogue

Kensuke explique à Julie l'histoire d'un film qu'il a beaucoup apprécié. Lisez le dialogue en écoutant l'enregistrement audio. Observez notamment comment Kensuke décrit le déroulement du film.

12-04

Julie : Tu es allé au cinéma dernièrement ?

Kensuke : Non, mais j'ai regardé un super film à la télévision : « Populaire ». C'est un film avec Romain Duris.

Julie : Ah, j'adore cet acteur ! Mais je n'ai pas vu ce film. C'est quel genre de film ?

Kensuke : C'est une comédie romantique. C'est l'histoire d'une jeune femme qui rêve de devenir secrétaire pour devenir indépendante. Ça se passe dans les années 60. Elle travaille pour un séduisant patron joué par Romain Duris.

Julie : Et ils tombent amoureux, c'est ça ?

Kensuke : Oui, c'est vrai que ça a l'air classique. Mais c'est une parodie ! Il va entraîner la secrétaire pour des concours de machine à écrire !

Julie : Des quoi ?

Kensuke : Des concours où on doit écrire le plus vite possible avec des machines à écrire. Le film se moque gentiment des films de sport comme « Rocky », mais c'est si léger et si frais qu'on ne peut s'empêcher de tomber amoureux des acteurs !

Julie : Tu veux bien le revoir avec moi alors ?

Vocabulaire supplémentaire

1 une parodie パロディ

2 indépendant(e) 独立した

3 se moquer 揶揄する、からかう

4 léger(-ère) 軽い

5 frais (fraîche) 生き生きとした

Conseils pour mieux converser

Les Français aiment beaucoup le cinéma et une des sorties populaires du week-end est d'aller voir un film en famille ou entre amis. Le plaisir principal est de discuter ensuite du film. Chacun partage ses impressions, donne son avis. On n'hésite pas à débattre pour défendre son avis si on n'est pas d'accord avec ses amis.

Les Français apprécient les personnes qui ont le courage de défendre ce qu'ils pensent. Aussi, si vous voyez un film avec des Français, n'ayez pas peur d'en parler avec eux ! Vous n'avez pas besoin d'être un spécialiste de cinéma. Parlez d'une scène que vous avez aimée d'un détail qui vous a intéressé... Tout le monde sera content d'entendre ce que vous pensez du film.

フランス人は映画が大好きです。そのため、映画館は、家族や友人と連れ立っていく週末の「お出かけ先」として人気があります。彼らにとって、鑑賞後に感想を言い合うのは何よりの楽しみです。この時、それぞれが作品を観てどう感じたか、どう思ったか熱く語り共有します。また、意見がぶつかった時には、自分の主張を通すために論戦になることもあります。

自分の主張を曲げないという勇気のある人のことを、フランス人は一目置きます。そのため、もしあなたがフランス人と一緒に映画を観た場合は、遠慮なく自分の感想を伝えましょう！なにも映画評論家のような立派なコメントをする必要はありません。感動したシーンや興味を抱いた部分など、あなたが感じたことをそのまま話せば、話は盛り上がり、あなたの友人もきっと楽しんでくれるでしょう。

Devoirs

Exercice 1

Quelle est l'histoire des films suivants ?

1. Mon voisin Totoro :

C'est l'histoire d' .... qui ....

....

....

....

....

2. La Reine des neiges :

C'est l'histoire d' .... qui ....

....

....

....

....

4. Princesse Mononoke :

C'est l'histoire d' .... qui ....

....

....

....

....

5. Star Wars :

C'est l'histoire d' .... qui ....

....

....

....

....

13 Parle-moi des fêtes de ton pays !

COMPÉTENCE *Je sais faire un exposé sur une fête traditionnelle.*

ÉTUDIANTS  PROFESSEURS 

Structure *Faire un exposé sur une fête traditionnelle.*

On va vous parler de la fête des Lumières.

Date?
Elle a lieu le 8 décembre, en hiver.

Lieu?
Elle a lieu à Lyon.

Elle existe depuis quand?
Elle existe depuis 1643.

Quelle est l'origine de la fête?
C'est à l'origine une fête en l'honneur de la Vierge Marie, protectrice de Lyon, qui aurait sauvé Lyon de la peste.

Que fait-on durant cette fête?
Les Lyonnais mettent des bougies à leurs fenêtres le soir et marchent vers Fourvière, la colline de Lyon où trône une grande église avec une statue de Marie.

Pourquoi cette fête est-elle célèbre?
Depuis les années 90, l'événement n'a cessé de prendre de l'importance. Aujourd'hui, il dure 4 jours, et des touristes du monde entier viennent voir les illuminations des beaux bâtiments lyonnais.

Pourquoi cette fête est-elle amusante?
Elle a lieu le soir, lorsque la nuit tombe. On se promène dans la ville de Lyon mais comme les bâtiments sont illuminés, on a l'impression d'être dans un rêve !

❶ Les fêtes		13-01
1	en l'honneur de	～に敬意を表す
2	traditionnel(le)	伝統的
3	une fête	祝祭、お祭り
4	un événement	イベント
5	un touriste	観光客
6	participer	参加する
7	un lieu	場所
8	avoir lieu	開催される

Si vous avez l'occasion de venir à Lyon en décembre, on vous invite (nous vous invitons) à venir participer à cette merveilleuse fête ! Merci de votre attention.

Grammaire 1

nous et on	Samedi, moi et mon frère, **on** est allés au cinéma. Moi et mes camarades, **nous** voudrions vous poser une question.

Grammaire 2

on et les gens	Pendant la Braderie de Lille, **on** vend les vieilles choses dont on n'a plus besoin. Pendant la Braderie de Lille, **les gens** vendent les vieilles choses dont ils n'ont plus besoin.

Activité 1

Quiz - le temps qu'il fait et le temps qui passe :

Observez les diapositives présentées par votre professeur et répondez à ses questions (les diapositives se trouvent sur le site professeur de la leçon). Notez le vocabulaire ci-dessous.

C'est quelle saison ?

C'est l'hiver

→ en hiver

Les jours de la semaine	Les mois	Les saisons	Le temps
1.	1.	1.	1. ....
2.	2.	2.	2. ....
3.	3.	3.	3. ....
4.	4.	4.	4. ....
5.	5.		5. ....
6.	6.		6. ....
7.	7.		7. ....
	8.		
	9.		
	10.		
	11.		
	12.		

Activité 2

Faites par groupes un exposé sur une fête traditionnelle. Pour vous aider, répondez d'abord aux questions suivantes, puis présentez votre exposé à l'oral.

Introduction : ***Nous allons vous parler de*** ....

Date ? ....

Lieu ? ....

Elle existe depuis quand ? ....

....

Quelle est l'origine de la fête ? ....

....

Que fait-on durant cette fête ? ....

....

Pourquoi cette fête est-elle célèbre ? ....

....

Pourquoi cette fête est-elle amusante ? ....

....

Conclusion : ....

Merci de votre attention.

Dialogues

Écoutez la piste audio et écrivez les mots manquants.

1 13-02

A : Tu préfères .... ?

B : Je préfère ....

et .... !

Je déteste ....

2 13-03

A : Il fait .... en été au Japon ?

B : Il fait ....

La saison des pluies arrive ....

et après, pendant deux mois, ...

.... de respirer de l'eau !

3 13-04

A : C'est comment Paris-*sai* en France ?

B : Alors d'abord .... on l'appelle le « .... » ou la « .... » parce que ce n'est pas la fête de Paris mais .... !

Il y a des feux d'artifice et des bals dans toutes .... et .... de France, on fait .... et on .... la Marseillaise !

Vocabulaire supplémentaire

1	l'humidité	湿気
2	la saison des pluies	梅雨
3	respirer	呼吸する
4	un feu d'artifice	花火
5	un bal	舞踏会

Conseils pour mieux converser

Que ce soit pour un exposé dans un cours ou pour votre travail, pour un entretien d'embauche, ou même lors d'une discussion, on est amenés parfois à avoir des conversations sur des sujets complexes dans une langue étrangère. Le thème de cette leçon 13, c'est les fêtes. C'est un sujet un peu technique, car il faut rassembler des informations précises, en utilisant un vocabulaire spécialisé. La tentation est de préparer un texte qu'on va lire. Comme cela, nous sommes sûrs de ne pas faire d'erreur ni de bafouiller.

Mais écouter quelqu'un lire un texte préparé est ennuyeux. C'est plat et monotone. Quand on fait un exposé, il faut essayer de captiver les personnes qui écoutent, d'attirer et de garder leur attention. Vous y arriverez bien mieux en improvisant qu'en lisant un texte. Improviser est trop dur ? Comme vous le travaillez dans cette leçon, préparez la phrase de début et la phrase de fin, puis prenez des notes sur ce que vous voulez dire entre les deux. Tout ce qui est facile à oublier : les dates, les lieux, les points importants, etc. Si vous êtes bien préparés, vous vous rendrez compte qu'improviser n'est pas si dur, et que c'est surtout très amusant !

授業や仕事のプレゼンテーション、就職面接、あるいは会話の中でも、時には複雑なトピックについて外国語で話さなければならないことがあります。「祝祭」をテーマにした本課は、やや専門的な内容と言えるでしょう。というのも、その分野の用語を使用して、正確な情報を伝える必要があるためです。こうしたテーマで発表する時は、きっと、短い文章を事前に用意して、それを読み上げたくなってしまうでしょう。そうすれば、間違ったり、口ごもらないで済むからです。

しかしながら、聞き手にとっては、文章を読み上げるだけの発表を聞くのは退屈です。平坦で単調だからです。なにかについて発表するときは、聞き手を魅了し、注意を引きつけるように工夫をしなければなりません。そのため、文を読むよりも、即興で話した方がずっとうまくいきます。即興で行うのは難しいと思いますか？本課でも練習したように、まず最初と最後の一文だけを用意しましょう。そして、その二つの間に挿入したいことをまとめておくのです。日にち、場所などの重要な点は、忘れやすいのでメモしておきましょう。しっかりと準備すれば、即興で発表をすることは思っているよりも難しくありません。そして、なによりも楽しいということに気づくはずです！

Devoirs

Exercice 1

Remplacez les mots soulignés par le pronom « on ». Modifiez la conjugaison des verbes en conséquence.

Exemple : *Nous mangeons beaucoup.*
On mange beaucoup.

1. En France, les Français adorent le fromage.

   En France, ... le fromage.

2. Moi et ma sœur, nous nous disputons souvent.

   Moi et ma sœur, ... souvent.

3. Au Japon, nous aimons pique-niquer sous les cerisiers en fleur au printemps.

   Au Japon, ... pique-niquer sous les cerisiers en fleur au printemps.

4. Dans ma classe, nous étudions tous sérieusement.

   Dans ma classe, ... tous sérieusement.

5. Aujourd'hui, les gens travaillent de plus en plus chez eux.

   Aujourd'hui, ... de plus en plus chez ....

6. Mes amies et moi, nous sommes allées au Festival du cinéma ce week-end.

   Mes amies et moi, ... au Festival du cinéma ce week-end.

14 Qu'as-tu fait pendant les vacances ?

CONVERSATION *Je sais parler d'activités touristiques.*

ÉTUDIANTS  PROFESSEURS 

Conversation modèle

Lisez les exemples d'échanges, puis écrivez ce que vous avez fait pendant les vacances. 14-01

1

A : Qu'est-ce que tu as fait pendant les vacances ?

B : Je suis allée en France. Je suis allée à Paris et à Nice.

Votre réponse :..

....

....

2

A : Tu y es allée combien de temps ?

B : J'y suis allée du 5 au 15 août, donc 10 jours.

Votre réponse :..

....

....

....

3

A : Il a fait quel temps ?

B : Il a fait très chaud, et on a eu des orages.

Votre réponse :..

....

....

....

4

A : Qu'est-ce que tu as visité ?

B : J'ai visité les grands classiques, la tour Eiffel et le château de Versailles.

Votre réponse :..

....

....

5

A : Qu'est-ce que tu as mangé là-bas ?

B : On a mangé beaucoup de sandwichs qu'on a achetés dans des boulangeries. C'est moins cher que le restaurant !

Votre réponse :..

....

....

6

A : Qu'est-ce que tu as rapporté comme souvenir ?

B : J'ai acheté du parfum chez Sephora.

Votre réponse :..

....

....

....

7

A : Quel est le meilleur souvenir de ton voyage ?

B : Je pense que c'est la visite de la tour Eiffel. Je suis montée par les escaliers et c'était vraiment impressionnant !

Votre réponse :..

❶ Les transports 14-02

1	en avion	飛行機で
2	en train	電車で
3	en voiture	車で
4	en bateau	船で

❷ Je suis allé(e)... 14-03

1 à Hawaï
2 chez mes grands-parents
3 en France
4 au Canada
5 dans la région de Kochi

❸ Pendant les vacances... 14-04

1	Je suis resté(e) chez moi.	ずっと家にいた。
2	Je suis rentré(e) chez mes grands-parents.	祖父母の家に行った。
3	J'ai dormi dans un hôtel.	ホテルに泊まった。
4	J'ai pris l'avion.	飛行機に乗った。
5	J'ai travaillé dans un restaurant.	レストランでバイトした。

Grammaire 1

複合過去 le passé composé

aller	**manger**
je **suis** allé(e)	j'**ai** mangé
tu **es** allé(e)	tu **as** mangé
il **est** allé	il **a** mangé
elle **est** allée	elle **a** mangé
on **est** allé(e)(s)	on **a** mangé
nous **sommes** allé(e)s	nous **avons** mangé
vous **êtes** allé(e)(s)	vous **avez** mangé
ils **sont** allés	ils **ont** mangé
elles **sont** allées	elles **ont** mangé

Exercice 1 p. 63

Grammaire 2

半過去 l'imparfait

Il faisait beau.
C'était bon.
C'était beau.

Grammaire 3

場所の前置詞

à ＋街、市町村、島
chez ＋人の家、会社名
en ＋女性形の国（主にeで終わる）
au ＋男性形の国
dans ＋都道府県、地方

Exercice 2 p. 63

Grammaire 4

y / le

Je suis allé(e) **au Louvre.**
→ J'**y** suis allé(e).
J'ai visité **le Louvre.**
→ Je **l'**ai visité.

Exercice 3 p. 63

Grammaire 5

aller / visiter

Je suis allé(e) **au** musée d'Orsay.
J'ai visité **le** musée d'Orsay.

Activité

Écoutez votre professeur vous raconter ses vacances. Prenez quelques notes durant ses explications, puis, par groupes, résumez ce qu'il a fait ci-dessous.

1. Notes sur les vacances de mon professeur :

....

....

....

2. Résumé des vacances de mon professeur :

....

....

....

Parler

Qu'avez-vous fait pendant vos vacances ? Discutez par groupes.

Questions complémentaires

Questions :

1 C'était comment ? → C'était beau, intéressant...
2 Tu peux nous montrer des photos ? → Oui, bien sûr, j'en ai dans mon téléphone.
3 Ça a coûté combien ? → Ça a coûté environ 15 euros.

Commentaires :

4 J'aimerais beaucoup y aller aussi !
5 Ça a l'air très beau !
6 Ça a l'air bon !
7 C'est très joli.

Partenaire 1	Partenaire 2	Partenaire 3
Nom :	Nom :	Nom : ....
Lieu :	Lieu :	Lieu :
Temps :	Temps :	Temps :
Visité :	Visité :	Visité :
Mangé :	Mangé :	Mangé :
Rapporté :	Rapporté :	Rapporté :
Aimé :	Aimé :	Aimé :

Dialogue

Yuria raconte son voyage en France à son ami Denis.
Lisez le dialogue en écoutant l'enregistrement audio. Observez notamment comment Yuria trouve des anecdotes intéressantes sur son voyage.

14-05

Denis : Alors, ce voyage en France ? Tu étais tellement impatiente d'y aller !

Yuria : C'est vrai ! C'était la première fois que j'y allais. C'était super ! J'y suis allée du 5 au 15 août, donc 10 jours. Et j'ai pu visiter Paris et Nice.

Denis : Il a fait quel temps ?

Yuria : Il a fait très chaud, et on a eu beaucoup d'orages.

Denis : Bon, tu as pu visiter quand même ?

Yuria : Oui, et comme c'était mon premier voyage, j'ai fait les grands classiques : la tour Eiffel, le château de Versailles... Et puis je suis montée dans la tour Eiffel par les escaliers. C'est impressionnant, on a l'impression de voler au-dessus de Paris !

Denis : J'imagine que c'était beau. Mais moi, ce qui m'intéresse, c'est la nourriture !

Yuria : Tu sais, on a surtout mangé des sandwichs achetés dans des boulangeries. C'est moins cher que le restaurant ! Mais à Nice, j'ai goûté de la « socca ». C'est une sorte de galette de pois chiches. C'était très bon !

Denis : Et tu as rapporté un souvenir ?

Yuria : Juste un parfum acheté chez Sephora.

Denis : Je veux dire, un souvenir pour moi...

Vocabulaire supplémentaire

1 impatient(e) 待ちきれない
2 un orage 雷雨
3 un pois chiche ひよこ豆
4 un souvenir お土産
5 Sephora 化粧品・香水屋

Conseils pour mieux converser

Avez-vous déjà fait le tour du monde ? Moi, non. Cela ne veut pas dire que mes vacances ne valent pas la peine d'être racontées. Et vous ? Peut-être êtes-vous resté chez vous, peut-être avez-vous un petit boulot, peut-être avez-vous travaillé votre français ou même avez-vous passé vos vacances à jouer aux jeux vidéo. Peu importe. Ce qui est intéressant, c'est que vous racontiez ce que vous avez fait et que vous échangiez dessus. Vous avez joué aux jeux vidéo tout l'été ? Très bien, dites à quoi vous avez joué, pourquoi vous aimez ce jeu, si vous avez progressé... Ce qui fait l'intérêt d'une conversation, c'est l'envie de partager.

Comme les Français aiment les vacances, ils vous poseront des questions sur les vôtres. Ne soyez pas timide ! Racontez ce que vous avez visité, ce que vous avez aimé manger... N'hésitez pas non plus à raconter vos expériences négatives. Il y avait trop de monde au Mont-Saint-Michel ? La fondue était trop grasse ? Les Français aiment les regards critiques et ils s'intéresseront au vôtre.

あなたは世界一周をしたことがありますか？私はしたことがありません。しかしこれは、私の休暇について話す価値がないという訳ではありません。さて、あなたの休暇はどうでしたか？きっとあなたも家にいたり、あるいはバイトをしていたり、もしくはフランス語の勉強をしたり、テレビゲームに興じていたことでしょう。なんだって良いのです。大事なことは、誰かに自分がしたことを伝えて、それについて話を展開することです。「この夏はずっとテレビゲームで遊んでいた」？良いですね！どのゲームで遊んだのか、なぜそのゲームが好きなのかなど、是非教えてください。会話の面白さとは、相手と話を「共有したい」という気持ちに関係しているのです。

休暇が大好きなフランス人は、あなたがどのように休みを過ごしたか聞いてくるはずです。その時は、決して恥ずかしがらないでください！どこを訪れたのか、何を食べたのか、教えてあげてください。また、「モン・サン・ミッシェルは人が多すぎた。」「フォンデュは油っこかった。」などといったネガティブな経験も遠慮なく伝えると良いでしょう。フランス人は批判的視点を歓迎するので、あなたの意見に必ず興味を持って聞いてくれるはずです。

Devoirs

Exercice 1

Mettez le verbe entre parenthèses au passé composé ou à l'imparfait. C'est un homme qui parle.

Pendant les vacances, je (aller) .... à Nice. Je (visiter) .... la vieille ville et le musée Chagall. Je (aimer beaucoup) .... ce musée. Chagall (être) .... vraiment un peintre fantastique. Je (se baigner) .... un peu dans la mer, mais (c'est) .... une plage de galets. Je (devoir) .... mettre des chaussures car ça faisait mal aux pieds ! La ville est très jolie et la cuisine très bonne. Je (manger) .... de la socca et beaucoup de poisson. (Ce sont) .... de très bonnes vacances !

Exercice 2

Choisissez entre à, chez, en, au et dans.

1. Je ne suis jamais allée .... Australie.
2. J'ai prévu d'aller .... ma grand-mère pour les fêtes de fin d'année.
3. .... Canada, il y a beaucoup de francophones.
4. .... moi, c'est mon père qui fait la vaisselle.
5. J'aime aller .... cinéma avec des amis.
6. Je suis entré .... le cinéma avec dix minutes de retard.

Exercice 3

Réécrivez les phrases suivantes en remplaçant le mot souligné par le bon pronom (le, la, les, l' ou y).

1. Je vais visiter <u>la région de Bordeaux</u> la semaine prochaine.

→ ....

2. Je vais <u>à Bordeaux</u> pendant les vacances d'été.

→ ....

3. Ma sœur adore <u>la France</u>.

→ ....

4. J'ai habité <u>en France</u> quand j'étais enfant.

→ ....

15 Raconte-moi une histoire !

COMPÉTENCE *Je sais écrire un conte.*

ÉTUDIANTS  PROFESSEURS 

Structure

Lisez le conte et observez l'utilisation des temps du passé : passé composé et imparfait. 15-01

Il **était** une fois un roi et une reine dans un pays lointain. La reine **était** belle, avec de longs cheveux blonds. Le roi **était** grand et fort. Ils **avaient** une fille qui **s'appelait** Constance. Constance **était** une très jolie princesse, gentille avec les animaux. Elle se **promenait** souvent dans la forêt pour parler avec les oiseaux et les lapins.

Un jour, alors qu'elle **faisait** une de ces promenades, elle **a rencontré** un grand loup noir. Il **avait** de grandes dents. Elle **s'est approchée** du loup et lui **a demandé** son nom. Il **a dit** :

« Je m'appelle Makoto. Je suis un méchant loup et je mange les enfants. » Constance **n'avait** pas peur. Elle **a répondu** : « Je suis une sorcière et je change les loups en moutons. » Le loup **a eu** peur et il **est parti**. Constance **a pu** désormais se promener tranquillement dans la forêt.

1 **Quels sont les temps des verbes en bleu et en rouge ?**

....

2 **Quelles sont les différences d'utilisation des verbes en rouge et en bleu ?**

....

....

....

❶ Les contes 15-02	
1 une bergère	羊飼い
2 un prince	王子
3 une princesse	姫
4 un roi	王
5 une reine	王女
6 une sorcière	魔女
7 un loup	オオカミ
8 un ogre	鬼

❷ L'aventure 15-03	
1 il est tombé amoureux	恋に落ちた
2 il a combattu un monstre	怪物と戦った
3 il s'est perdu dans une forêt	森の中で道に迷った
4 il a préparé une potion	ポーションを作った
5 il s'est transformé en loup	狼に変身した
6 il a voyagé	旅をした

Grammaire 1

la conjugaison de l'imparfait 半過去 (nous 現在)

aller (nous allons)	avoir (nous avons)	être (例外)
j'all**ais**	j'av**ais**	j'ét**ais**
tu all**ais**	tu av**ais**	tu ét**ais**
il / elle / on all**ait**	il / elle / on av**ait**	il / elle / on ét**ait**
nous all**ions**	nous av**ions**	nous ét**ions**
vous all**iez**	vous av**iez**	vous ét**iez**
ils / elles all**aient**	ils / elles av**aient**	ils / elles ét**aient**

Grammaire 2

l'utilisation de l'imparfait 半過去の使い方

Je **suis allé** au parc, il **faisait** beau. → 描写
Au lycée, je **faisais** du ping-pong. → 習慣
J'**ai vu** « Intouchables ». C'**était** très bien. → 感想

Exercice 1 p. 67

Grammaire 3

un et le

Il était une fois **un** roi et **une** reine.
La reine était belle, **le** roi était fort.

Prononciation 1

Attention au « é » fermé et au « è » ouvert :

j'ai acheté ≠ j'achet**ais**

Activité 1

Écrivez un petit résumé d'un conte parmi les trois suivants : Cendrillon, La Belle et la Bête et Momotarô :

C'est l'histoire d' ....

....

....

....

....

....

....

....

....

....

Activité 2

Mettez-vous par groupes et écrivez un conte ensemble. N'oubliez pas de l'écrire au passé. Vous trouverez sur le site des mots-clés que vous devrez utiliser dans votre texte. Il y a des mots-clés différents pour chaque groupe.

Dico interdit !

Il était une fois ....

....

....

....

....

....

....

....

....

....

....

Dialogue

Écoutez la piste audio et écrivez les mots manquants.

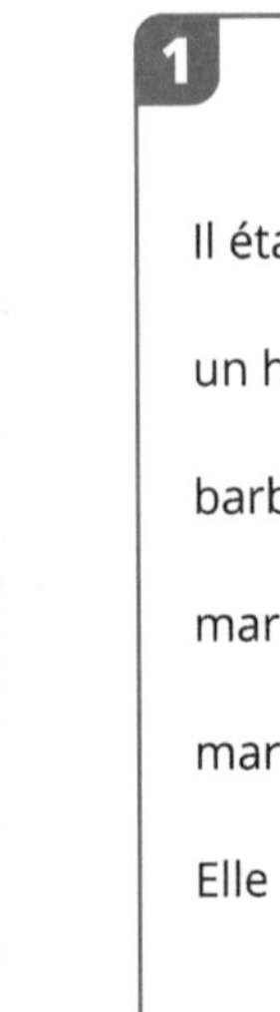

Barbe-Bleue donne les clés de son palais à sa jeune épouse. (Gravure de Gustave Doré)

1 La Barbe-Bleue 15-04

Il était une fois une .... qui s'est mariée avec un homme très .... , mais très effrayant : il avait une barbe bleue. Il vivait dans un .... Le lendemain du mariage, ... a fait visiter son château à la jeune mariée. Il lui a donné un trousseau de clés.

Elle .... chaque pièce, et utiliser toutes les .... qu'elle y trouverait. Cependant, il lui a interdit une seule .... , qui ....avec une toute petite clé. Bientôt, il est parti en voyage, et la jeune fille a invité .... pour profiter du château. Mais elle n'a pas pu s'empêcher d'ouvrir la petite porte qui .... sur une petite pièce sombre. Ce qu'elle y a trouvé était bien plus effrayant que la barbe bleue de son ....

Conseils pour mieux converser

Une des difficultés à converser dans une langue étrangère est qu'on ne connaît pas toujours très bien la culture artistique commune du pays. Si vous y réfléchissez, dans vos conversations quotidiennes, vous faites constamment référence aux artistes de votre pays, aux contes qu'on vous a lus quand vous étiez enfants, au dernier film à la mode ou à l'émission de télévision que tout le monde regarde. Les Français font de même, et si vous désirez progresser dans votre capacité à converser avec des Français, il est nécessaire d'améliorer aussi votre connaissance culturelle de la France.

Les contes peuvent ainsi apparaître démodés, mais tous les Français connaissent «je ne vois rien que le soleil qui poudroie, et l'herbe qui verdoie» du conte Barbe-Bleue, ou l'histoire de Peau d'Âne et du Petit Poucet. Cela fait partie de la culture commune des Français, et la découvrir sera non seulement un des grands plaisirs de votre voyage d'apprenant, mais aussi un moyen de comprendre les références que vous trouverez dans les films, dans les livres et les conversations !

外国語で会話をする難しさのひとつには、その国の人々の中で共有されている芸術や文化を、私たちがよく知らない点が挙げられるでしょう。考えてみれば、私たちは会話をするとき、いつも自国のアーティストや、子供の頃に読んでもらったおとぎ話、そして今人気の映画やテレビ番組などを話題にします。フランス人もまた、例外ではありません。そのため、もし、あなたがフランス人と会話をする能力を高めたいのならば、フランスが産んだ作品に関する知識もまた蓄える必要があるでしょう。

おとぎ話は少々古めかしいと思うかもしれませんが、フランス人なら『青髭』の「私に見えるのは、きらきらした太陽と青々した草だけ」というセリフや『ロバの皮』や『おやゆびこぞう』を誰もが知っています。彼らが共有するこうした芸術文化の一部を発見することは、学習という旅の大きな楽しみのひとつです。また、それだけでなく、映画や本、会話の中に引用されるものごとの出典元を理解する手段にもなるのです！

Devoirs

Exercice 1

Mettez les verbes entre parenthèses au passé composé ou à l'imparfait.

Exemple : *Je (aller) à Paris.* → *Je* ***suis allé*** *à Paris.*

Peau d'Âne

Il (**être**) .... une fois un roi et une reine. Le roi (**être**) .... fou amoureux de sa femme, qui (**être**) .... plus belle que la plus belle des roses. Hélas, la reine (**tomber**) .... gravement malade. Sur son lit de mort, elle (**faire**) .... promettre au roi qu'il ne se marierait qu'avec une femme encore plus belle qu'elle. Il (**promettre**) .... , sachant très bien qu'il ne trouverait pas une telle femme. Cependant, alors que leur unique fille, la princesse, (**grandir**) .... de jour en jour, il (**comprendre**) .... que sa fille seule (**être**) .... encore plus belle que sa défunte femme. Donc, il (**décider**) .... de se marier avec elle. Pour éviter un tel destin, la princesse (**prendre**) .... conseil auprès de sa marraine, une fée. Celle-ci lui (**fabriquer**) .... une peau d'âne et lui (**demander**) .... de quitter le palais au plus vite...

16 Qu'as-tu fait le week-end dernier ?

CONVERSATION *Je sais parler de ma vie quotidienne au passé et au futur.*

ÉTUDIANTS  PROFESSEURS 

Conversation modèle

Qu'avez-vous fait le week-end dernier ? Qu'allez-vous faire le week-end prochain ? Lisez les modèles de réponses ci-dessous, puis répondez à ces deux questions, en donnant le plus d'informations possibles. 16-01

1

A : Qu'est-ce que tu as fait le week-end dernier ?

B : Samedi, je suis allée faire du shopping dans le Marais avec des amis. Je voulais acheter du thé chez Mariage Frères, et un de mes amis voulait acheter un manteau. Dimanche, j'ai dormi jusqu'à midi et l'après-midi j'ai fait mes devoirs de français.

Votre réponse : ....

....

....

....

....

....

....

2

A : Qu'est-ce que tu vas faire le week-end prochain ?

B : Samedi, je vais aller faire du shopping dans le Marais avec des amis. Je veux acheter du thé chez Mariage Frères, et un de mes amis veut acheter un manteau. Dimanche, je vais dormir tard et après je vais réviser mon français.

Votre réponse : ....

....

....

....

....

....

....

❶ Je suis allé(e) 16-02

1	dans une librairie	本屋
2	dans une boulangerie	パン屋
3	dans un magasin de vêtements	服屋
4	dans un magasin de cosmétiques	化粧品屋
5	au supermarché	スーパーマーケット
6	au karaoké	カラオケ
7	chez un fleuriste	花屋
8	chez un médecin	医者（のところ）

❷ Les heures 16-03

1	midi	正午
2	minuit	午前0時
3	de l'après-midi	午後の
4	du matin	午前の

Grammaire 1

複合過去と近接未来の文における代名詞の位置

Je vais acheter un pull.
→ Je vais **en** acheter **un**.

Je vais promener **mon** chien.
→ Je vais **le** promener.

J'ai acheté un pull.
→ J'**en** ai acheté **un**.

J'ai promené **mon** chien.
→ Je l'ai promené.

Grammaire 2

近接未来 : aller＋不定詞

Je vais voir des amis.
Je ne vais pas voir d'amis.

Activité *Remplissez le tableau ci-dessous en conjuguant les verbes correctement à la première personne du singulier.*

Les verbes des activités quotidiennes					
Français	Japonais	現在形	複合過去	近接未来	半過去
travailler	仕事する	je travaille	j'ai travaillé	je vais travailler	je travaillais
regarder la télé	テレビを観る				
écouter de la musique	音楽を聴く				
chanter au karaoké	カラオケで歌う				
acheter des vêtements	服を買う				
aller au cinéma	映画館に行く				
rester chez soi	家にいる				
rentrer chez soi	家に帰る				
voir des amis	友達と会う				
faire du sport	スポーツをする				
faire le ménage	掃除する				
faire des courses	買い物する				
lire	本を読む				
dormir	寝る				
avoir un cours	授業がある				
prendre le bus	バスに乗る				
se promener	散歩する				

Parler

Qu'avez-vous fait le week-end dernier ? Qu'allez-vous faire le week-end prochain ? Discutez par groupes.

Partenaire 1

Nom : ....

Lieu :

Heure :

Fait :

C'était comment ? :

Partenaire 2

Nom : ....

Lieu :

Heure :

Fait :

C'était comment ? :

Partenaire 3

Nom : ....

Lieu :

Heure :

Fait :

C'était comment ? :

Questions complémentaires

Questions :

1 Qu'est-ce que tu as fait après ? → Je suis rentré(e) chez moi.

2 Et qu'est-ce que tu as fait dimanche ? → J'ai fait du football.

3 Tu y es allé(e) à quelle heure ? → J'y suis allé(e) à 15h30.

4 C'était où ? → C'était à Shibuya.

5 Tu as une photo ? → Oui, bien sûr.

Commentaires :

6 Ça a l'air intéressant.

7 J'en ai déjà entendu parler.

8 Ah, je connais ! J'y suis déjà allé(e).

Dialogue

Éloïse raconte à Arnaud sa sortie du week-end. Lisez le dialogue en écoutant l'enregistrement audio. Quels temps autres que le présent de l'indicatif, le passé composé et l'imparfait pouvez-vous trouver dans cette conversation ?

16-04

Arnaud : Vous êtes allés dans le Marais finalement le week-end dernier avec Farid, Thomas et Aurore ?

Eloïse : Oui, c'est dommage que tu n'aies pas pu venir. On s'est baladés, puis on a fait des courses.

Arnaud : Tu cherchais quelque chose de spécial ?

Eloïse : Ma mère m'avait demandé d'acheter du thé chez Mariage Frères. Du coup, j'en ai profité pour en prendre pour moi aussi. C'est pas donné, mais il est vraiment bon ! Et puis Thomas voulait absolument acheter un manteau en cuir. Ça a été galère à trouver. Neuf, c'était bien trop cher, mais on a trouvé un magasin qui vendait des vêtements d'occasion. Il a acheté un manteau en peau de mouton !

Arnaud : J'aurais bien aimé y aller avec vous tous. Ça te dirait qu'on fasse quelque chose ce week-end ? J'irais bien au cinéma. Il y a un film japonais en ce moment.

Eloïse : Avec des sous-titres ? Je vais encore avoir mal à la tête !

Arnaud : Promis, si tu m'accompagnes, je te paie un milk-shake après !

Vocabulaire supplémentaire

1 se balader (fam.) 散歩する

2 être galère (fam) 大変

3 un manteau en cuir 革のジャンパー

Conseils pour mieux converser

Le français, comme beaucoup de langues d'origine latine, possède de nombreux temps, avec à chaque fois des conjugaisons différentes. Apprendre tous ces temps doit se faire petit à petit. Lorsque vous parlez en français, il faut donc avoir une approche stratégique. Comme il est difficile de maîtriser à l'oral l'ensemble des temps, il vaut mieux vous concentrer sur les temps les plus utilisés : **le présent de l'indicatif, le passé composé et le futur proche**. Cela ne veut pas dire que vous ne devez pas apprendre les autres temps mais qu'à l'oral, il vous sera plus facile de vous concentrer sur ces trois temps, pour ensuite élargir peu à peu aux autres.

L'important est que vous distinguiez les temps que vous devez maîtriser en priorité de ceux qui sont surtout importants pour votre compréhension.

フランス語は、ラテン語を起源とする多くの言語と同様に、複数の時制があり、それぞれに異なる活用が存在します。これらの時制をすべて学ぶには、時間と労力がかかります。そのため、フランス語を話す際には、戦略的なアプローチをとる必要があるでしょう。すべての時制を使いこなすのは大変なため、まずは**最もよく使われる時制「現在形」、「複合過去」、「近接未来」を集中的に学習するのが良いでしょう。**しかしこの提案は、他の時制を覚えなくても良いと言っているわけではありません。会話をする時には、まずこの３つの時制に集中、その後、徐々に他の時制を学ぶ方がきっともっと楽になるでしょう。

重要なのは、相手の話を理解するために必要な時制と、あなたがフランス語を話す時に必ず習得すべき時制とを区別することです。

Devoirs

Exercice 1

Mettez le verbe entre parenthèses au temps adéquat. Pour chaque phrase, les temps qui doivent être utilisés sont indiqués.

1. **Imparfait, passé composé.**

   Je (**travailler**) .... tout l'été dans un restaurant de sushi. Ce (**être**) .... fatigant mais amusant. Je (**rentrer**) .... tous les soirs vers 18h et je (**regarder**) .... la télé.

2. **Futur proche, présent.**

   Ce week-end, je (**sortir**) .... avec des amis. Comme je (**aimer**) .... chanter au karaoke, on (**chanter**) .... toute la nuit !

3. **Conditionnel présent, présent.**

   Je (**vouloir**) .... aller en France l'année prochaine. Mais je (**devoir**) .... travailler mon français pour ça !

4. **Imparfait, présent.**

   Je (**ne pas aimer**) .... faire le ménage ni faire les courses quand je (**habiter**) .... chez mes parents. Mais maintenant, je le (**faire**) .... tous les jours !

Exercice 2

Mettez les pronoms des mots soulignés au bon endroit dans la phrase. Le pronom correct est indiqué.

J'ai <u>un chat</u>. **(en)** → J'en ai un.

1. J'ai acheté <u>du thé</u>. **(en)**

   ....

2. Je suis allé <u>dans le Marais</u>. **(y)**

   ....

3. La jeune fille donne <u>son téléphone</u> à sa mère. **(le)**

   ....

4. Je voudrais acheter <u>cette écharpe</u>, s'il vous plaît. **(l')**

   ....

5. Henri va visiter <u>le Mont-Saint-Michel</u> mardi. **(le)**

   ....

6. Nous allons acheter <u>du chocolat</u> pour le professeur. **(en)**

   ....

17 Invente une pub !

COMPÉTENCE *Je sais créer une publicité.*

ÉTUDIANTS  PROFESSEURS 

Structure

Regardez la publicité présentée par votre professeur et répondez aux questions suivantes.

1 **A : Quelle est la marque ?**

B : C'est une publicité pour la marque ....

2 **A : Quel est le produit ?**

B : C'est une publicité pour ....

3 **A : Quel est le slogan ?**

B : Le slogan est ....

4 **A : Quelle est la cible ?**

B : La cible de cette publicité est ....

5 **A : Quel est le déroulement de la publicité ?**

B : La publicité nous montre ....
....
....

6 **A : Quel est le message de la publicité ?**

B : Le message de cette publicité est ....
....
....

❶ Une pub (publicité) 17-01		
1	la marque	ブランド
2	le produit	製品
3	le slogan	スローガン
4	la cible	ターゲット
5	le déroulement	流れ
6	le message	メッセージ

❷ Le déroulement 17-02		
1	au début	最初に
2	ensuite	次に
3	et puis	そして
4	à la fin	最後に

Chérie, tu regardes trop la télévision !
Mais Maman, je la regarde en français pour améliorer ma prononciation !

Activité 2

Dico interdit !

Créez par groupes une publicité sur un produit et une marque imaginaires. Choisissez son slogan et ***dessinez en 4 cases*** *le déroulement de votre publicité (script) en faisant particulièrement attention à la situation du début et à celle de fin.* ***Vous devez y mettre des dialogues en français, sous forme de bulles.*** *Présentez ensuite votre publicité au reste de la classe, en leur indiquant qui est la cible de cette publicité et quel est son message.*

La marque : .... ***Le produit :*** ....

Le slogan : ....

1 ***Au début***	2 ***Ensuite***
3 ***Et puis***	4 ***À la fin***

Dialogue

Regardez la publicité sur la page de la leçon et retrouvez les mots manquants. Puis répondez aux questions sur cette publicité dans la colonne de droite.

Le fils : Tu as vu le crochet là ? Boum !

Le père : Et sinon, ça a été ....

.... cette semaine ?

Le fils : Ouais, ouais.

Le père : Elle t'a fait quoi à .... ?

Le fils : Des coquillettes...

Le père : Tous les .... ????

Le fils : Mouais...

Le père : Ça va .... ?

Le fils : Hummm, oui.

La mère : .... ?????

Le fils : Et ouais, des .... !!

Vocabulaire supplémentaire

1 un crochet : フック(ボクシング)

2 des coquillettes : des petites pâtes qu'on prépare souvent avec du beurre, quand on n'a pas le temps de faire la cuisine.

3 ouais : oui

Questions :

Quelle est la marque ?..

Quel est le produit ?..

Quel est le slogan ?..

Quelle est la cible ?..

Quel est le déroulement ?..

....

....

....

Quel est le message ?..

....

....

....

Conseils pour mieux converser

Les publicités françaises racontent de petites histoires, qui pour l'apprenant ont beaucoup d'avantages : elles sont courtes (en France, une publicité dure en moyenne 21s), utilisent souvent un langage du quotidien et révèlent beaucoup de choses sur la culture et la société françaises.

Elles sont aussi souvent assez dures à comprendre, justement parce qu'elles sont brèves, que souvent les personnages parlent vite, mais aussi parce qu'elles sous-entendent un fond culturel commun que ne connaît pas forcément le non-francophone. Cette difficulté ne doit pas vous rebuter. Les publicités vous apprendront beaucoup de choses sur la société française et vous confronteront à du français quotidien, souvent plus proche qu'un film du français parlé au même moment en France. C'est aussi une porte ouverte sur la télévision française.

On déconseille souvent aux enfants de regarder la télévision, et notamment les émissions de variétés. Pourtant, celles-ci sont très utiles pour apprendre les langues. On y utilise un français de tous les jours, non scripté, qui est le plus proche

フランスのコマーシャルには、学習者にとって多くのメリットがあります。というのも、CMは短く（平均21秒）、そこでは日常的な言葉が使われ、フランス文化や社会に関する面白い話題を提供してくれるためです。

その一方、短い分、理解するのが難しいとも言えます。登場人物が早口で話したり、さらに非フランス語圏の人には馴染みがない、彼らの中でのみ共有されている文化的背景が存在するからです。しかし、尻込みする必要はありません。CMを観ることで、フランス社会について多くを学ぶことができ、日常的なフランス語にも触れられます。それはしばしば、映画よりも、フランスの街中で話されている言語に一層近いものと言えるでしょう。また、CMはフランスのテレビ番組への「入り口」でもあります。

子どもたちは、テレビ、特にバラエティ番組を観ないように、としつけられる傾向にあります。しかしながら、こうした番組は言語学習には非常に効果的です。そこでは台本のない日常的なフランス語が使用されるため、学習者はフランスの街中で耳にするのと同じような言語を聞いている感覚を持つことができるのです。フランス人は、音楽、料理、

possible de celui que vous entendrez dans la rue. Les Français aiment beaucoup les émissions où des Français ordinaires participent à des jeux et des concours sur un thème musical, culinaire ou sportif. Cherchez sur internet « émission de cuisine française », « émission de musique française », etc. Si vous trouvez une émission qui vous plaît, et même si vous ne comprenez pas tout, la regarder sera un des plus grands services que vous pourrez rendre à la qualité de votre français et à sa prononciation !

スポーツなどをテーマにした視聴者参加型番組やオーディション番組が大好きです。インターネットで «émission de cuisine française»（フランスの料理番組）や、«émission de musique française»（フランスの音楽番組）などと検索してみてください。そして気に入った番組があれば、たとえその全てを理解できなかったとしても、ぜひ観てみましょう。それはきっとあなたのフランス語とその発音の質を高める大きな助けのひとつになりますよ！

Devoirs

Exercice 1

Présentez une publicité japonaise que vous appréciez. Indiquez le produit, la marque et son slogan. Faites un dessin de son histoire. Vous devez traduire le slogan ainsi que les dialogues de la publicité en français.

La marque : .... ***Le produit :*** ....

Le slogan : ....

1 Au début

2

3

4 À la fin

18 Qu'est-ce que cette pub raconte ?

CONVERSATION *Je sais décrire une publicité.*

ÉTUDIANTS  PROFESSEURS 

Modèles pour la description

Traduisez les phrases suivantes, utiles pour la description.

L'apparence

Le petit garçon est sympathique.

....

La jeune femme a l'air fatigué.

....

Le jeune homme semble content.

....

Entrer et sortir

Les enfants entrent dans la pièce.

....

La vieille dame sort de la pièce.

....

Marcher

La mère marche vers le pont.

....

La sœur court vers le pont.

....

L'inconnu saute sur le pont.

....

L'autre personne monte l'escalier.

....

Le groupe descend l'escalier.

....

Regarder

Le frère regarde vers la porte.

....

La petite fille voit une étoile filante.

....

La mère montre le chien à son bébé.

....

Le bébé observe le chien qui court dans la rue.

....

Les verbes pronominaux

Les athlètes se regardent dans le miroir.

....

Le passant entend un musicien qui joue du piano.

....

Les écoliers se dépêchent d'aller en cours.

....

Donner

La femme donne sa montre à un ami.

....

Le vieux monsieur prête un stylo à un ami.

....

Il vend sa voiture à quelqu'un.

....

Commencer et finir

Des personnes commencent à manger.

....

La première personne se met à manger.

....

Le père finit de manger.

....

L'homme arrête de bouger.

....

Prendre un objet

L'étudiant prend un objet avec sa main.

....

La collégienne tient un objet dans sa main.

....

Le lycéen utilise un objet.

....

Écouter

Le public écoute le musicien jouer du piano.

....

Le passant entend un musicien qui joue du piano.

....

Rapporter

L'artiste dit qu'il aime beaucoup la danse.

....

La musicienne écrit « Je t'aime ! » sur le tableau blanc.

....

Le médecin demande si on a mal au ventre.

....

Le monsieur explique comment fonctionne la cafetière.

....

Activité 1

Formez quatre groupes : A, B, C et D. Chaque groupe regarde la publicité correspondant à la lettre de son groupe sur le site de la leçon. Ensemble, répondez aux questions suivantes, puis écrivez un résumé du déroulement de la publicité.

Lettre du groupe : Groupe A Groupe B Groupe C Groupe D

Quelle est la marque ? ....

Quel est le produit ? ....

Quel est le slogan ? ....

Résumé du déroulement de la publicité :

....

....

....

....

Activité 2

Présentez la publicité que vous avez vue au membre d'un autre groupe qui ne l'a pas vue. Celui-ci doit prendre des notes sur la publicité qui lui est présentée, en dessinant dans l'espace de 4 cases le déroulement de la publicité, de la scène de début à la scène de fin. Indiquez-lui également le produit, la marque et le slogan.

DICO A-Z **Dico interdit !**

La marque : .... ***Le produit :*** ....

Le slogan : ....

1 *Au début*	**2 *Ensuite***

3 *Et puis*	**4 *À la fin***

Questions et commentaires complémentaires

Questions :

1 Qu'est-ce que ça veut dire, « fondre » ? → C'est par exemple une glace qui coule parce qu'il fait chaud. On dit que ça fond.

2 Qu'est-ce qui se passe après ? → Ensuite, il entre dans la pièce.

3 Tu peux répéter, s'il te plaît ? → Oui, bien sûr.

Commentaires :

4 Oui, c'est ça.

5 Non, ce n'est pas comme ça.

6 Tu dessines très bien / mal !

7 Ta pub est super originale !

Dialogue

Stéphanie décrit à Ludovic une publicité japonaise amusante qu'elle a vue sur internet. Lisez le dialogue en écoutant l'enregistrement audio. Observez notamment comment Stéphanie essaie de convaincre Ludovic de l'intérêt de cette publicité. 18-01

Stéphanie : J'ai vu une pub japonaise super amusante : « Madame Orangina » !

Ludovic : Je ne savais pas qu'il y avait de l'Orangina au Japon. C'est pourtant une marque française, non ?

Stéphanie : Je ne sais pas trop, mais apparemment ils en vendent au Japon. Je crois que ça a du succès. Et donc ils font de la pub. « Madame Orangina » montre une Française qui devient professeur de français dans un lycée japonais à la campagne. Et on la voit qui se promène dans le village en vélo, et elle dit « Comment allez-vous ? » à tout le monde, aux passants, aux marchands, aux policiers...

Ludovic : Tu veux dire qu'elle le dit en japonais ?

Stéphanie : Non, en français, c'est ça qui est amusant. Et tout le monde dans le village lui répond « Comment allez-vous ? » Mais avec un accent japonais trop mignon. Et comme elle est très jolie et souriante, tous les hommes du village tombent amoureux d'elle.

Ludovic : C'est pas un peu cliché sur les femmes françaises ?

Stéphanie : Mais non, c'est amusant. Il faut que tu voies la pub. En plus, le village japonais est en bord de mer et il est magnifique !

Ludovic : Sors ton tél et montre moi ça !

Vocabulaire

1 tout le monde 皆

2 un policier 警察官

3 un marchand 店員、商人

4 tomber amoureux 恋に落ちる

5 un cliché ステレオタイプ

Si vous voulez voir la publicité dont parle Stéphanie, cherchez サントリー オランジーナ CM 「先生登場」 !

Conseils pour mieux converser

Tout au long de ce manuel, nous avons fait ensemble de nombreuses leçons ayant pour thème la description : décrire une personne, décrire un tableau... Et aujourd'hui décrire une image animée, une publicité. Savoir « décrire » est en effet une compétence essentielle du bon locuteur en langue étrangère.

Décrire, c'est expliquer. Et expliquer est ce qu'il y a de plus dur dans une langue étrangère. Quand vous expliquez quelque chose dans votre langue maternelle, vous pouvez vous permettre de parler de façon désordonnée, avec du vocabulaire complexe. Mais dans une langue étrangère, il vous faudra : ① organiser votre explication, ② simplifier votre explication pour qu'elle soit facile à comprendre, même si vous faites des fautes et même si vous utilisez un vocabulaire qui n'est pas toujours parfait.

Les nombreux exercices de description que vous avez faits sont là pour vous apprendre ces deux compétences essentielles. Quand vous devrez expliquer quelque chose de complexe, ne paniquez pas, souvenez-vous de vos leçons, prenez une grande inspiration et organisez bien ce que vous voulez dire en le simplifiant au maximum. Vous serez surpris de la complexité des choses qu'on peut expliquer avec des mots très simples !

この教科書では、「描写すること」をテーマに、これまで人物や絵の描写についてレッスンを行ってきました。そして今回は動画、つまりCMをもとにこれを行いました。「描写する方法」を習得することは、優れた外国語話者にとって必須だと言えるでしょう。

描写とは、つまり説明することです。しかし、これは外国語を使用するにあたって、最も難しいことのひとつでもあります。母国語でなにかを説明するときは、複雑な語彙を駆使しつつも、大雑把に話すことができるでしょう。しかし、外国語では、そうはいきません。相手に理解してもらうためには、文法を多少間違えたとしても、あるいは適切な単語が使用できなくても、①説明を整理し、②さらにその説明を簡潔にする必要があります。

あなたがこれまで多く行ってきた「描写すること」の練習は、この2つの必須スキルを学んでもらうためにありました。複雑なことを説明しなければならないときは、慌てず、この教訓を思い出しましょう。そして、深呼吸をして、言いたいことを整理しつつ、できるだけ単純化するのです。平易な言葉を使いながらでも複雑なことを説明できるという事実に、きっと驚きますよ！

Devoirs

Exercice 1

Traduisez le verbe en japonais, en utilisant les verbes en première page de la leçon. Conjuguez-le à la bonne personne. Tous les verbes sont au présent.

1. La jeune fille (入る) .... dans le restaurant. Le serveur lui（与える）

   .... à manger. Elle (食べ始めた) .... en souriant.

2. Le chat (登る) .... sur le mur. Il (歩く) .... lentement.

   Il (観察する) .... une souris.

3. Marie （貸す） .... sa montre à Lucas. Il (取る) .... la montre.

4. Jean （洗う） .... les dents. Il (自分を見つめる) .... dans le miroir.

5. Elles (聞こえる) .... un bruit dehors. Elles (聴く) ....attentivement

   pour comprendre ce qui se passe.

6. L'élève (尋ねる) .... s'il peut aller aux toilettes.

19 Tu as raison !

COMPÉTENCE ***Je sais donner et expliquer mon avis en français.***

ÉTUDIANTS   PROFESSEURS 

Structure

Lisez la discussion suivante entre Éloïse et Antoine. Puis répondez aux questions. **19-01**

Éloïse : Dis, Antoine, tu crois que je peux apprendre le japonais toute seule ?

Antoine : Comment ça, toute seule ?

Éloïse : J'aimerais bien apprendre le japonais, mais je n'ai pas le temps de prendre des cours.

Antoine : Tu sais, ça me paraît difficile d'apprendre une langue sans suivre un cours avec un professeur. Je trouve que c'est difficile de se motiver quand il n'y a pas de professeur pour te donner des exercices et des devoirs. Par exemple, moi, je n'arrive pas à faire du sport tout seul !

Éloïse : Oui, mais si j'étudie seule, je pourrai étudier quand je veux et où je veux. C'est quand même bien pratique. Tu te souviens que j'ai appris à cuisiner toute seule ?

Antoine : Oui, c'est vrai, mais ce n'est pas pareil. La cuisine, c'est simple : tu as une recette, tu la suis, et tu fais un plat. Il me semble que le japonais est une langue très difficile, et je pense que tu auras besoin d'aide. En plus, une langue, ça sert à communiquer. Tu crois que tu vas faire comment pour pratiquer l'oral sans personne avec qui parler ?

Éloïse : Tu as peut-être raison. Sans personne avec qui parler en japonais, je risque d'avoir du mal à progresser. Aller dans un cours, cela pourrait être plus amusant. Cependant, j'ai l'impression que je pourrai plus me concentrer sur le japonais qui m'intéresse si je travaille seule.

Antoine : Je suis d'accord avec toi sur ce point. C'est pour ça que l'idéal, c'est que tu suives un cours, et que tu travailles également par toi-même. Comme ça tu progresseras deux fois plus vite !

1. **Quel est le sujet de cette conversation ?**

....

2. **Quels sont les avis d'Éloïse et d'Antoine sur ce sujet :**

Éloïse :...

Antoine : ....

1. **Quels arguments et exemples donnent Éloïse et Antoine pour défendre leur avis :**

Éloïse :	**Antoine :**
Argument 1 :..	Argument 1 :..
Exemple :	Exemple : ....
Argument 2 :..	Argument 2 :..
Exemple :	Exemple : ....

❶ Donner son avis 19-02

1	Je pense que...	～と思う
2	Je trouve que...	～と思う
3	Il me semble que...	～と思う
4	Je crois que... (croire)	～と思う
5	Il est vrai que...	～であるのは確か
6	À mon avis,...	私の意見では
7	Selon moi,...	私としては
	solliciter un avis	
8	Qu'en penses-tu ?	どう思います？
9	Tu ne penses pas que... ?	～と思いませんか？
10	Tu ne trouves pas que.... ?	～と思いませんか？

❷ Marquer son accord 19-03

1	Je suis d'accord avec toi.	あなたの意見に同意します。
2	Tu as raison.	あなたは正しいです。
3	C'est vrai.	そうですね。本当ですね。
	marquer son désaccord	
4	Oui, mais...	そうだけど …
5	Tu as raison, mais...	あなたは正しいが …
6	C'est vrai, mais...	それは確かだが …
7	Je ne suis pas d'accord avec toi.	あなたの意見には賛成ではありません。
8	Je ne suis pas du même avis que toi.	あなたの意見と私のそれは違います。

❸ Donner des exemples 19-04

1	Si on..., alors	～の時、…
2	Quand on..., alors	～の時、…
3	Par exemple	例として
4	En faisant quelque chose, on...	そうすることで、
5	On peut dire que...	～と言える
6	On peut penser que...	～と思われる

❹ Les mots de liaison 19-05

1	Donc	すなわち、なので
2	En effet	そうすると、事実
3	En plus	さらに
4	Surtout	特に
5	En fait	実際には
6	En réalité	実際には
7	Cependant	にもかかわらず

Grammaire 1

le subjonctif présent 接続法現在

aimer	**avoir**	**être (例外)**	**faire (例外)**
que j'aime	que j'aie	que je sois	que je fasse
que tu aim**es**	que tu ai**es**	que tu sois	que tu fass**es**
qu'il, elle, on aim**e**	qu'il, elle, on **ait**	qu'il, elle, on soit	qu'il, elle, on fasse
que nous aim**ions**	que nous ay**ons**	que nous soy**ons**	que nous fass**ions**
que vous aim**iez**	que vous ay**ez**	que vous soy**ez**	que vous fass**iez**
qu'ils, elles aim**ent**	qu'ils, elles ai**ent**	qu'ils, elles soi**ent**	qu'ils, elles fass**ent**

Grammaire 2

utilisation du subjonctif 接続法の使い方

1. Dans une conjonction qui exprime un ordre ou un souhait

Il faut que tu **fasses** tes devoirs.
Je souhaite qu'il **vienne** à la fête.

2. Dans l'expression d'un sentiment ou d'un avis dans une phrase négative

Présent de l'indicatif	**Subjonctif**
Je trouve que **ce pain est bon**.	Je ne trouve pas que **ce pain soit bon**.
Je pense qu'**il est heureux**.	Je ne pense pas qu'**il soit heureux**.
Je crois que **vous aimez travailler**.	Je ne crois pas **que vous aimiez travailler**.
Il me semble que **c'est une bonne idée**.	Il ne me semble pas que **ce soit une bonne idée**.

Activité 1

Choisissez par groupes un sujet parmi les sujets 1 et 2. Donnez votre avis dessus en donnant un argument et un exemple.

Sujet 1 : Est-ce bien d'avoir un animal de compagnie en ville ?
Sujet 2 : Est-ce plus facile d'être un homme ou une femme ?

Exemple :

Sujet : *Le français est-il plus facile à apprendre que l'anglais ?*

Mon avis : *Je trouve le français plus facile que l'anglais.*
Argument : *On ne sait jamais comment prononcer correctement les mots en anglais.*
Exemple : *Les mots « wind » et « mind » s'écrivent de la même façon, mais ne se prononcent pas du tout de la même façon !*

Sujet choisi :

Mon avis : ....

....

....

Argument : ....

....

....

....

Exemple : ....

....

....

....

Activité 2

En vous basant sur vos notes de l'activité 1, discutez par groupes sur un des deux sujets. Notez les arguments de chacun et écrivez ensuite un dialogue fictif entre deux personnes en réutilisant le plus possible les arguments de chacun.

Sujet choisi : ....

Dialogue : ....

....

....

....

....

....

....

....

....

....

....

....

Dialogues

Écoutez la piste audio et écrivez les mots manquants.

1 19-06

A : Tu .... du dernier James Bond ?

B : Il est pas mal. Il y a beaucoup .... et de l'humour aussi !

A : Moi, je trouve que c'est .... la même chose...

2 19-07

A : Comment tu .... ce chapeau ?

B : Je le trouve plutôt .... Les grands chapeaux te .... très bien !

A : C'est ...., je crois que je vais l'acheter !

3 19-08

A : Le sandwich que tu manges .... excellent !

B : Écoute, ça va, il n'est pas .... Mais le poulet est un peu sec, je trouve.

A : C'est .... pour ta santé qu'il ne soit pas trop gras !

Conseils pour mieux converser

Savoir donner son avis est un élément essentiel de la conversation. On parle avec des personnes pour savoir ce qu'elles ressentent, ce qu'elles pensent et partager avec elles. Mais dire « C'est mignon ! », « C'est sympa ! », « C'est bon ! » ne suffit plus à partir du niveau A2 et au-delà. Il faut savoir expliquer son avis et le défendre. Peut-être encore plus en France où il y a une grande culture des opinions : les Français aiment discuter sur des sujets politiques et sociaux, donner leur avis, débattre...

Cela peut sembler difficile à un apprenant mais en réalité, ce qu'on attend de vous, c'est d'avoir le courage d'expliquer, même très simplement, votre avis. Vous n'aimez pas le fromage ? Expliquez pourquoi : « Je trouve que ça sent mauvais, je trouve que c'est trop gras »... Une explication très simple suffit amplement.

Pour des sujets plus complexes, là aussi, il suffit de proposer une explication courte avec un exemple. Vous êtes contre les animaux domestiques dans les grandes villes ? Expliquez pourquoi ! Vous trouvez peut-être qu'il n'y a pas assez d'espace pour qu'ils puissent jouer. Peut-être que vos grands-parents ont un chien à la campagne et que vous le trouvez plus heureux là-bas... Tout avis est valable tant qu'il est argumenté et personnel !

自分の意見を言うことは、会話においてとても重要です。私たちは、人がどのように感じ、何を考えているかを知るために、そしてそれを分かち合うために会話をしています。しかしながら、A2 レベル以上になると「C'est mignon!（かわいい！）」「C'est sympa!（いい感じ！）」「C'est bon!（美味しい！）」というだけでは、感想として不十分と言えます。このレベルの人だったら、自分の考えを説明し、その主張を自ら発展させる必要があります。これはおそらくフランス人の方が日本人に比べて慣れているかもしれません。というのも、フランス人は政治や社会問題について議論を交わし、自分の考えを述べ、討論するのが好きだからです。

これは少々難しいと思うかもしれません。しかし実際、必要なのは、あなたが自分の意見を説明する勇気を持つことなのです。例えば、チーズが嫌いだったら、その理由をしっかり説明しましょう。「わたしはチーズは臭いと思う、脂肪分が多いと思う」などのように簡単な説明で十分です。

また、より複雑なテーマについて話す時も同様に、例を挙げて簡潔に説明すると良いでしょう。あなたが大都市でペットを飼うのに反対だとしましょう。そのときは、なぜ反対なのか理由を説明してください。都会には、動物がのびのびと遊ぶスペースが不足している、あるいはあなたの祖父母が田舎で犬を飼っていて、その方が犬にとっては幸せだと思っているのかもしれません。しっかりと説明し発展させれば、あなたの意見はどんなものでも有効です！

20 Tu peux me conseiller des lieux dans la ville ?

CONVERSATION *Je sais parler de la ville où j'habite.*

ÉTUDIANTS  PROFESSEURS 

Conversation modèle

Qu'y a-t-il comme restaurant ou magasin intéressant dans la ville ou le quartier où vous étudiez le français ? Observez les modèles, puis répondez aux questions. 20-01

1

A : Tu peux me conseiller un restaurant ou un café à .... ?

B : Je te conseille d'aller à Maison Kayser. Ça se trouve à Ikebukuro. C'est une boulangerie et un salon de thé. Le pain y est excellent !

Votre réponse : ....

....

....

....

....

....

....

2

A : Tu connaîtrais un magasin intéressant où acheter des souvenirs à .... ?

B : Je te conseillerais d'aller à Sunshine City. Il y a le Pokémon Center. C'est un magasin qui vend beaucoup de produits Pokémon.

Votre réponse : ....

....

....

....

....

....

....

A : Qu'est-ce qu'il y a comme lieu intéressant à visiter à .... ?

B : J'aime beaucoup le Meiji Jingu. C'est un temple traditionnel japonais, mais surtout, il y a un grand parc où se promener. Cela fait du bien de respirer à Tokyo.

Votre réponse : ....

....

....

....

Donner des conseils en français

au présent
- Il faut aller à Harajuku !
- Je te conseille de visiter le Kiyomizudera.

à l'impératif
- Goûtez ce thé vert.
- Prends le tramway.

au conditionnel
- Tu devrais voir ce film japonais.
- Vous pourriez monter le Mont Fuji à pied.
- Si j'étais à ta place, je goûterais au moins une fois un sushi.
- Il faudrait se dépêcher car le magasin va fermer.

Grammaire 1

conjugaison du conditionnel

aimer	**devoir**	**pouvoir**
j'aimerais	je devrais	je pourrais
tu aimerais	tu devrais	tu pourrais
il, elle, on aimerait	il, elle, on devrait	il, elle, on pourrait
nous aimerions	nous devrions	nous pourrions
vous aimeriez	vous devriez	vous pourriez
ils, elles aimeraient	ils, elles devraient	ils, elles pourraient

Grammaire 2

les expressions de conseil utilisant le subjonctif

Il faut que tu ailles une fois au Karaoke.
Ce serait bien que vous visitiez ce musée.
Il vaudrait mieux que tu ne prennes pas le mauvais train.

Activité

Quels films, mangas et émissions de télévision japonais pourriez-vous conseiller à des Français ? Par groupes, réfléchissez à ce que vous pourriez conseiller et pourquoi. Il ne faut pas seulement choisir des choses qui vous plaisent, mais qui pourraient intéresser un Français qui découvre le Japon.

Exemple :

Qu'est-ce que tu me conseillerais comme film japonais ?
→ *Je te conseillerais le dessin animé « Totoro » .*

Pourquoi ?
→ *C'est un dessin animé familial que les Japonais aiment beaucoup. Il permet de découvrir la vie à la campagne et de réfléchir au rapport des Japonais à la nature.*

1. Qu'est-ce que tu me conseillerais comme roman ou manga ?

....

Pourquoi : ....

....

....

2. Qu'est-ce que tu me conseillerais comme émission de télévision ou série japonaise ?

....

Pourquoi : ....

....

....

Parler

Discutez par groupes sur les lieux de votre ville.

Partenaire 1	Partenaire 2	Partenaire 3
Nom :	**Nom :**	**Nom :** ....
Restaurant conseillé :	Restaurant conseillé :	Restaurant conseillé :
Magasin conseillé :	Magasin conseillé :	Magasin conseillé :
Lieu conseillé :	Lieu conseillé :	Lieu conseillé :

Questions et commentaires complémentaires

Questions :

1 Ça se trouve où ? → C'est à côté de la gare Iidabashi.

2 C'est quoi, leur spécialité ? → Ils font des parfaits délicieux.

3 Ça coûte combien environ ? → Ça coûte environ 1500 yens.

4 Tu y vas souvent ? → J'y vais toutes les semaines.

Commentaires :

5 Je ne connais pas. Ça a l'air bien !

6 Ah oui ! Je connais bien ce magasin !

7 J'aimerais bien y aller.

8 C'est une bonne idée !

10 J'y suis déjà allé(e).

Dialogue

Paul vient d'arriver au Japon. Yuriko lui conseille différentes choses à faire à Tokyo. Écoutez la piste audio et observez comment elle le conseille. 20-02

Yuriko : Alors Paul, tu te plais à Tokyo ?

Paul : Ouais, mais je récupère encore du décalage horaire et je suis un peu fatigué. Mais j'ai hâte de découvrir Tokyo ! Tu n'as pas un restaurant à me conseiller, d'ailleurs ?

Yuriko : Il y a plein de restaurants à Tokyo. Mais je pense qu'un restaurant de ramen te plairait beaucoup. Il y en a un assez célèbre juste à côté de ton hôtel. Les ramens, c'est des nouilles dans un bouillon de viande ou de poisson.

Paul : Super ! Je vais essayer alors. Tu as d'autres conseils sur quoi visiter ?

Yuriko : Laisse-moi réfléchir... Il y a plein de choses à visiter et à acheter à Tokyo. Tu as l'embarras du choix ! Je pense que tu as déjà entendu parler des lieux célèbres de Tokyo, mais si tu veux un lieu un peu moins connu, j'aime beaucoup le « Rikugien ». C'est un jardin traditionnel japonais dans mon quartier. Il n'est pas très connu, mais je le trouve magnifique ! Surtout, il permet de se promener dans un cadre très japonais, on a l'impression d'être revenu à l'époque d'Edo !

Paul : Ça a l'air très intéressant ! J'adore les jardins japonais. Il faut aussi que je rapporte des cadeaux en France. Tu aurais une idée d'un endroit pour acheter des souvenirs ?

Yuriko : Écoute, je te conseillerais le quartier de Kappabashi. Ce n'est pas très loin d'Asakusa. C'est une longue rue où de nombreux magasins vendent de la vaisselle et des produits pour la cuisine. Tu peux y acheter aussi bien de la vaisselle traditionnelle que des imitations de plats japonais en plastique, comme des faux sushis par exemple. Ça fait des souvenirs très originaux !

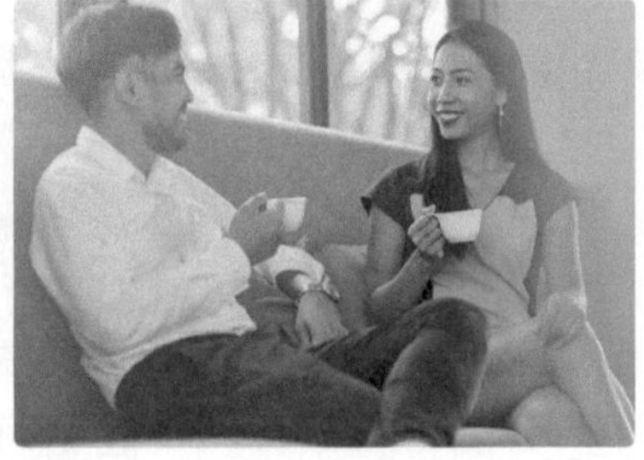

Vocabulaire

1	avoir l'embarras du choix	（多すぎて）選択に迷う	4	la vaisselle	食器類
2	un cadre	環境	5	une imitation	模造品
3	rapporter	持って帰る	6	faux(-sse)	偽物の

Conseils pour mieux converser

Savoir donner et recevoir des conseils est très important. Dans vos échanges avec des étrangers, vous serez amenés à conseiller des plats ou des lieux touristiques japonais, et à demander conseil sur quoi faire ou voir en France.

Échanger des suggestions et des conseils culturels fait partie des plaisirs de l'échange international. Et vous avez tout intérêt à être de bon conseil. Un film qui plaît, un plat japonais qui fait plaisir, c'est autant d'occasions de voir la personne revenir vers vous pour vous remercier et parler de son expérience.

Pour bien choisir vos conseils, le plus simple est bien sûr de choisir des choses qui vous plaisent. Surtout si vous conseillez une œuvre ou un lieu un peu rare ou peu connu, on vous saura gré de proposer quelque chose de personnel et original. Mais il faut aussi se mettre à la place de votre interlocuteur. Si c'est un film, peut-il avoir accès à une version française facilement ? Si c'est un plat, est-ce que ce sont des aliments que des Français sont susceptibles d'aimer ? C'est une bonne chose de prendre le temps de réfléchir à des choix originaux et amusants. N'est-ce pas pour partager que nous apprenons des langues étrangères ?

誰かにお勧めをすること、またされることは重要です。外国人と接するとき、こちらが相手に日本の食べ物や観光地を薦めたり、あるいは相手がフランス人だったらフランスの観光地や、そこでできるアクティビティについて尋ねたりするでしょう。

文化に関する情報や提案を伝え合うことは、国際交流の楽しみのひとつです。さて、提案をすることとは、相手の利益になるだけでなく、あなたのためにもなると言えます。あなたが気に入った映画や好きな料理を誰かに勧めると、勧められた人は、それを観たり、食べたりした後、きっとそれについてどう思ったのか話してくれたり、お礼を言ってくれたりするでしょう。提案することは、のちに会話を発展させるきっかけになるのです。

上手にお勧めをするコツとしては、当然のことながら、自分の好きなものを提案することが挙げられます。特に、珍しかったり、あまり知られていない作品や場所を提案すると、より一層相手の興味を引くことができるでしょう。というのも、それはオリジナリティがあったり、あなたの個人的な経験に基づいた提案だからです。また、相手の立場になって考えることも重要です。映画をお勧めするときは、相手がその映画のフランス語版を簡単に入手できるか考えましょう。あるいは、もし料理をお勧めするのであれば、その食べ物を相手が好むかどうかも考慮に入れてください。個性的かつ、相手に楽しんでもらえるようなアイディアを提示するためには、じっくり時間をかけて考えるのがベストでしょう。私たちは人と経験を共有するために外国語を学んでいるのですからね！

Devoirs

Exercice 1

Donnez des conseils sur les thèmes suivants. Vous ne pouvez pas utiliser la même expression plus d'une fois.

Exemple : *travailler plus* → *Tu devrais travailler plus.*

1. manger plus sainement → ....
2. arriver à l'heure en cours → ....
3. lire des livres en français → ....
4. faire une liste de vocabulaire → ....
5. être poli avec le professeur → ....

21 Ouais !

COMPÉTENCE **Je comprends le français familier parlé et écrit.**

ÉTUDIANTS  PROFESSEURS 

Structure

Écoutez la discussion entre Corentin et Oscar. Elle est écrite et prononcée dans un français très familier. Trouvez les mots manquants, puis répondez aux questions ci-dessous. **21-01**

Corentin : Alors, ... Strasbourg ?

Oscar : .... , plutôt. .... trop, à part qu'en cours, on a appris .... le Parlement européen là-bas. .... vachement joli en fait.

Corentin : .... quoi là-bas ?

Oscar : .... avec mes vieux donc bon, tourisme et tout. Mais c'était cool. .... un quartier qui s'appelle la Petite France. Genre vieilles maisons antiques, canaux. .... c'est mignon tout plein.

Corentin : La Petite France ? .... un peu zarbi comme nom ?

Oscar : Bah, vu que ça a été allemand... .... trop en fait. Ouais, le nom est bizarre. Mais c'est mignon en tout cas. .... plein de belles maisons avec des poutres qu'on voit de dehors.

Corentin : Et la bouffe, ça valait le coup ?

Oscar : Ben ouais plutôt. Ça aussi on sent l'influence allemande, ... de charcuterie et de pommes de terre. Mais c'est bon. Ils ont .... qu'ils appellent KäseKnepfe, c'est comme des pâtes, mais .... dedans. Une vraie tuerie.

Corentin : J' .... trop en goûter. Ça a l'air hyper bon !

1. Qu'observez-vous dans la prononciation d'Oscar et Corentin des locutions suivantes ? Comment pourriez-vous écrire leur prononciation du français ?

Exemple : *Je veux → [j'veux]*

alors c'était bien → ....

on a appris qu'il y avait → ....

tu as fait quoi là-bas → ....

la Petite France → ....

vu que ça a été allemand → ....

ce n'est pas un peu zarbi → ....

j'aimerais trop en goûter → ....

❶ Les mots d'argot 21-02

1 vachement = très
2 mes vieux = mes parents
3 la bouffe = la nourriture
4 bouffer = manger
5 genre = comme
6 ouais = oui
7 chelou = (louche) bizarre
8 un truc = quelque chose
9 une tuerie = très, très bon

❷ Strasbourg 21-03

1 Le Parlement Européen 欧州議会
2 une poutre 梁(はり)
3 un canal (des canaux) 運河
4 La Petite France = quartier traditionnel de Strasbourg

❸ Les « tics » de langage (marqueur discursif) 21-04

1 alors
2 ben
3 bah
4 du coup
5 donc
6 bon

Grammaire 1

la prononciation du français familier

prononciation des pronoms avec les verbes

je connais → [J'connais]
je sais → [ch'ais]
tu as → [t'as]
il mange → [i mange]
vous êtes → [v'z'êtes]

les locutions courantes

il y a → [y a]
il n'y a pas → [y a pas]
ce n'est pas bien → [cé pas bien]
parce que → [pasque]
peut-être → [p't'être]

la disparition du ne

je n'aime pas → [j'aime pas]
je ne veux pas → [j'veux pas]

le « e » non prononcé

la Petite France → [la P'tit' France]
j'aimerais → [j'aim'rais]

Grammaire 2

le français familier à l'écrit

les abréviations de mots à l'oral comme à l'écrit

le cinéma → le ciné
un téléphone → un tél
un réfrigérateur → un frigo
la faculté, l'université → la fac
un professeur → un prof
un examen → un exam
un dictionnaire → un dico
un restaurant → un resto
une application mobile → une appli

les abréviations propres à l'écrit

s'il te plaît → stp
c'est-à-dire → cad
pourquoi ? → pkoi ?
salut → slt
bonjour → bjr
à plus tard → A+
c'est → C
dans → ds
toujours → tj

l'utilisation de la prononciation familière à l'écrit

il y a → y a
il n'y a pas → y a pas
tu as → t'as

les expressions propres à l'écrit

lol → ahah (laugh out loud)
mdr → ahah (mort de rire)

Exercice 1 p. 91

Activité 1

Observez la discussion suivante entre Pierre et Clément. Elle a lieu dans une application de messagerie. Elle contient beaucoup d'expressions familières et des abréviations du français oral écrit. Réécrivez la discussion en français courant.

Pierre
Slt clément. Vous avez fait quoi au final hier ?

Clément
Samedi ? Ben, on est allés au cinoche. C dommage que t'aies pas pu venir.

Pierre
Yep. C'est lourd, mais c'est comme ça. Je bosse le dimanche moi, lol. Vous avez maté quoi ?

Clément
Un film ricain bien débile. Avec Tom Cruise.

Pierre
Pas de regrets alors !

Clément
Cad, on s'est bien marrés quand même. Après le cinoche, on a bouffé des kebabs dans un square. J'ai des photos si tu veux !

Pierre
Tu me les enverras, stp.

Clément
Ouais, après. Là, les cours reprennent. A+

Pierre ....

....

Clément ....

....

Pierre ....

....

....

Clément ....

Pierre ....

....

Clément ....

....

....

....

Pierre ....

Clément ....

....

Dialogues

Écoutez la piste audio et trouvez les mots manquants, en respectant la syntaxe du français écrit ([t'as] doit être écrit « tu as »). Attention, la prononciation du français y est familière et se fait à un rythme rapide.

1 — 21-05

A : .... à envoyer un message à ton prof ?

B : Ouais, ... hier. J'espère .... que je repasse l'exam.

2 — 21-06

A : Marie,............................... le beurre dans le frigo ?

B : Hum. .... pas..............................

il est tout au fond.

3 — 21-07

A : On .... quelque chose ?

B : Pourquoi pas. .... ferait

envie ?

Conseils pour mieux converser

Le français qu'on apprend dans le manuel n'est pas exactement celui qu'on rencontre en France quand on parle avec des gens, ou quand on regarde un film français. Ce n'est pas la faute des manuels. Le français est une langue vivante. Il change, se modifie, parce qu'il est parlé par des centaines de millions de personnes dans le monde !

Les français utilisent des mots familiers (l'argot), c'est-à-dire des mots qu'on ne trouve pas toujours dans les dictionnaires, mais qui sont utilisés par les Français à la maison, ou entre amis. Ils ne prononcent pas les mots lentement et distinctement comme vos professeurs de français. Ils parlent vite, et « mangent » certaines lettres pour que ce soit plus fluide.

Bien sûr, cela rend la compréhension du français familier un peu difficile. Mais il y a quelques astuces à connaître, que nous étudions dans cette leçon : le « ne » qui disparaît dans la négation, les marqueurs discursifs comme « ben », « alors » qui gênent la compréhension sans apporter beaucoup au sens... En s'entraînant, le français familier deviendra de plus en plus clair pour vous.

Cependant, attention : le français familier doit avant tout être compris. Nous vous conseillons d'utiliser le français courant dans vos propres productions orales et écrites. Ce n'est qu'après quelques années passées dans un pays francophone que vous finirez par utiliser naturellement ce français familier !

教科書で習うフランス語は、フランスの街中や映画の中で話されているそれとはだいぶ異なると言えるでしょう。しかし、これは決して教科書が悪いわけではありません。フランス語とは、生きた言語です。世界中のたくさんの人々によって、日々使われているからこそ、言語内にもさまざまな変化が生じます！

フランス人は家庭内、あるいは友人同士でスラング（俗語）を用います。こうした単語はもちろん辞書には載っていません。また、彼らは、あなたの先生のようにゆっくりと、そしてはっきりとは必ずしも発音してくれないでしょう。ネイティブスピーカーはとにかく喋るスピードが速いです。さらには、より流暢に話すために、単語の中の一部の文字を「食べる（＝言わない）」こともあるのです（まさに日本語の「ら抜き言葉」のように！）。

以上のことから、口語的でくだけたフランス語を理解するのは少々難しいかもしれません。この問題を解決するために、本課では、あなたが知っておくべき要素をいくつか紹介しています。それは、例えば否定文の中で使用されるはずの「ne」が口語だと消えてしまうこと、あるいは、はっきりした意味を持たないにもかかわらず文中に挿入される「ben」や「alors」などの話し言葉など……。練習をすれば、あなたもこうしたくだけたフランス語をだんだんと理解できるようになるでしょう。

ただし、注意が必要です。こうしたフランス語は、何よりもまず「理解するために必要なもの」です。あなた自身がオーラルやライティングで文をを作る際には、これまで学習してきたような通常のフランス語を用いることをお勧めします。くだけたフランス語は、フランス語圏に複数年滞在した後に、きっと自然に使えるようになるでしょう！

Devoirs

Exercice 1

Réécrivez en français courant les messages de messagerie suivants :

Exemple : *Bjr, c moi.* → *Bonjour, c'est moi.*

1. Slt ! On va au ciné dimanche ? → ....

2. Y a des yaourts ds le frigo ? → ....

3. Tu peux me passer mon tél, stp ? → ....

4. C trop bien que tu aies gagné ce match ! → ....

5. L'exam était vachement dur. Il est lourd ce prof. → ....

22 Serait-il possible de vous voir prochainement ?

CONVERSATION *Je sais m'exprimer poliment et rédiger un mail.*

ÉTUDIANTS  PROFESSEURS 

Conversation modèle

Écoutez la discussion entre Makoto, Yurika et son professeur. Puis répondez aux questions ci-dessous. 22-01

Makoto : Monsieur, veuillez m'excuser. Auriez-vous un peu de temps ? Avec Yurika, nous devons faire une petite enquête pour un exposé. Accepteriez-vous de répondre à quelques questions ? Ce sera très court.

Le professeur : J'ai un peu de temps avant mon cours. Asseyez-vous. De quoi s'agit-il ?

Yurika : Dans le cadre d'un cours, nous devons poser des questions à des natifs sur les plats japonais qu'ils aiment ou n'aiment pas. Nous voulions vous poser seulement deux questions.

Le professeur : Oui, bien sûr, je vous écoute.

Makoto : Yurika, tu veux bien poser la première question ? Je vais noter les réponses.

Yurika : Oui, merci. Alors, Monsieur, avez-vous un plat japonais préféré ?

Le professeur : J'adore les légumes, aussi j'apprécie beaucoup les « obanzai » de Kyoto. J'ignore si vous connaissez ?

Yurika : Ce sont des petits plats de légumes de Kyoto, n'est-ce pas ? C'est très bon en effet ! Deuxième question : Y a-t-il au contraire un plat que vous détestez ?

Le professeur : Je ne peux pas dire que je déteste, mais je n'aime pas trop manger du poisson cru. Aussi, je dois dire que j'ai du mal à manger les sushis et les sashimis. C'est bien dommage.

Makoto : Merci beaucoup, Monsieur, d'avoir pris le temps de répondre à nos questions. Je vous souhaite un bon cours !

Le professeur : Je vous en prie.

1. Observez les expressions de politesse utilisées par Makoto et Yurika, marquées en rouge dans la conversation. Reformulez-les de façon plus simple et courante.

1. Veuillez m'excuser. → ....
2. De quoi s'agit-il ? → ....
3. Monsieur, avez-vous un plat japonais préféré ? → ....
4. Y a-t-il au contraire un plat que vous détestez ? → ....
5. C'est bien dommage. → ....

2. Observez les verbes en vert dans le texte. Quel est leur infinitif et quel est leur temps ?

1. Auriez-vous → Infinitif : .... Temps : ....
2. Accepteriez-vous → Infinitif : .... Temps : ....
3. Ce sera → Infinitif : .... Temps : ....
4. Asseyez-vous → Infinitif : .... Temps : ....
5. Nous voulions → Infinitif : .... Temps : ....

3. Observez la phrase suivante. Pourquoi Makoto utilise-t-il le tutoiement et non le vouvoiement ?

Yurika, tu veux bien poser la première question ?

....

Grammaire 1

la prononciation du français poli

1. Prononciation lente et distincte des mots.
2. Prononciation des « e » qui sont parfois muets en français :
   j'aimerais
   une belle robe
   accepteriez-vous
3. Les liaisons facultatives sont faites :
   Je suis en retard.

les temps comme marqueurs de politesse

utilisation du conditionnel

Pouvez-vous m'aider ? → Pourriez-vous m'aider ?
Je veux un croissant. → Je voudrais un croissant.
Vous devez travailler plus. → Vous devriez travailler plus.
C'est une bonne idée. → Ce serait une bonne idée.

utilisation du futur

C'est très court. → Ce sera très court.

utilisation de l'imparfait

Nous voulons vous poser une question.
→ Nous voulions vous poser une question.

le vocabulaire soutenu

Je ne sais pas. → Je l'ignore.
Je suis désolé. → Je suis confus.
De rien. → Je vous en prie.
C'est très dommage. → C'est bien dommage.

Veuillez (pour donner un ordre)

Asseyez-vous. → Veuillez vous assoir.
Ouvrez la porte. → Veuillez ouvrir la porte.

Grammaire 2

les trois niveaux de langue en français

français familier	français courant	français soutenu (poli)
ouais	oui	oui
Je sais pas.	Je ne sais pas.	Je l'ignore.
Excuse-moi.	Excusez-moi.	Veuillez m'excuser.
Tu as du temps pour des questions ?	Est-ce que vous avez du temps pour des questions ?	Auriez-vous du temps pour quelques questions ?

Activité 1

Préparez par groupes un questionnaire pour votre professeur. Vous pouvez choisir librement le sujet et les questions. Posez ensuite (poliment) vos questions à votre professeur.

Sujet du questionnaire : ....

Question 1 ....

Réponse du professeur : ....

....

....

Question 2 ....

Réponse du professeur : ....

....

....

Activité 2

Rédigez un mail à votre professeur où vous lui demandez (poliment) de répondre par mail aux questions du questionnaire préparées dans l'activité 1. Aidez-vous du point de grammaire 3 ci-dessous.

Objet : ....

Contenu du mail :

....

....

....

....

Grammaire 3

Écrire poliment un mail en français

	formules d'appel	les salutations de fin de mail
Pour un professeur	Monsieur le Professeur, Madame la Professeure,	Je vous remercie pour votre aide et votre soutien. Dans l'attente de votre réponse, je vous prie d'agréer, Madame, Monsieur, mes sincères salutations. Me tenant à votre disposition pour toute information supplémentaire, veuillez agréer, Monsieur, l'expression de mes sentiments respectueux.
En général	Monsieur, Madame,	Cordialement
Pour des amis	Bonjour ! Bonsoir ! Salut !	Bien amicalement Bisous

Objet :
Demande de rencontre
À propos de mon mémoire
Candidature pour...

Dialogue

Corentin et Miko vont dans une boulangerie-pâtisserie pour commander un gâteau d'anniversaire. Écoutez la piste audio. Identifiez les formules de politesses utilisées par les différentes personnes. 22-02

Le vendeur : Monsieur, Madame, bonjour.

Corentin et Miko : Bonjour !

Le vendeur : Que puis-je faire pour vous ?

Corentin : Nous voudrions commander un gâteau pour l'anniversaire d'une amie.

Le vendeur : Oui, bien sûr. Ce serait un gâteau pour combien de personnes ?

Corentin : Nous serons six.

Le vendeur : Et quelle est la date de l'anniversaire ?

Miko : C'est prévu pour samedi prochain. Nous nous demandions si c'était trop tard pour une réservation.

Le vendeur : Nous sommes jeudi, cela dépend du gâteau que vous désirez, mais ce sera probablement possible.

Miko : Notre amie adore les fruits, et nous hésitions entre une tarte aux fruits et un fraisier...

Le vendeur : Nous avons d'excellentes tartes et de très bons fraisiers. Mais je vous proposerais plutôt une charlotte aux fruits exotiques. Elle est faite avec des kiwis, de la mangue et des fruits de la passion. C'est très original et si votre amie est amatrice de fruits, elle devrait se régaler.

Corentin : Qu'est-ce que tu en penses Miko ? C'est vrai que ça devrait lui faire plaisir.

Miko : Ouais, je suis d'accord. Ça change des gâteaux habituels. Monsieur, nous allons commander une charlotte aux fruits exotiques.

Le vendeur : Très bien. Quel message désirez-vous écrire ?

Corentin : Juste « Joyeux anniversaire Maëlle ».

Le vendeur : Très bien. Cela fera 40 euros.

Vocabulaire

1 un anniversaire 誕生日　2 cela dépend de... ～による
3 une réservation 予約　4 des fruits exotiques トロピカルフルーツ

Conseils pour mieux converser

Les attentes de politesse vis-à-vis d'un locuteur non natif sont moins importantes que vis-à-vis d'un locuteur natif. On vous excusera assez facilement un français un peu direct, car on prendra en compte le fait que vous vous exprimiez dans une langue étrangère. Cependant, la politesse est tellement ancrée dans la façon dont nous voyons les autres, que l'impression que vous laissez en vous exprimant de façon polie sera néanmoins meilleure. Heureusement, parler poliment en français vous demandera essentiellement ① de vouvoyer les personnes ② d'éviter les expressions familières.

Le français est néanmoins une langue très polie, et vous rencontrerez dans vos échanges avec des francophones de nombreuses expressions polies assez complexes. On ne peut que conseiller aux apprenants d'apprendre quelques expressions toutes faites dans un premier temps. Comme souvent, c'est en imitant les natifs que vous arriverez peu à peu à intégrer les méthodes de politesse plus complexes.

フランス語学習者がネイティブスピーカーと話すとき、それほど礼儀正しさを求められないかもしれません。というのも、学習者は頑張って外国語を話そうとしているとみなされるため、多少直接的なフランス語を話したとしても許してもらえます。しかしながら、一般的に礼儀正しさとは、私たちが人とふれあい、その人がどんな人か判断するときに無意識のうちに大事にしていることでもあります。そのため、丁寧に話して、相手に与える印象を良くするに越したことはありません。幸いに、フランス語で丁寧に話すためには次の２つの点に気をつければ良いでしょう。それは、①「tu」の代わりに「vous」を使う、②くだけた表現の使用を避けることです。

フランス語は礼儀正しく話すための言い回しや方法が豊富にある言語であり、今後あなたがフランス人と交流する中で、きっと複雑な敬語表現を数多く聞くことになると思います。現段階では、決まった言い回しをいくつか学ぶことをお勧めします。今後、ネイティブスピーカーの真似をしていけば、少しずつ、より高度な敬語表現を身につけることができるでしょう。

23 Discutons ensemble !

COMPÉTENCE *Je sais rendre ma conversation intéressante.*

ÉTUDIANTS  PROFESSEURS 

Structure

Ali et Miko se rencontrent à la fête d'anniversaire de Maëlle. Les deux conversations A et B simulent cette rencontre de deux façons différentes. Écoutez la version A et la version B, puis répondez aux questions.

Conversation A 23-01

Ali : Bonjour ! Je m'appelle Ali. Enchanté. Vous vous appelez comment ?

Miko : Je m'appelle Miko Suzuki.

Ali : Ah, vous êtes japonaise ! J'adore le Japon. Vous venez d'où ?

Miko : Je viens de Kobe.

Ali : Vous vivez à Kobe au Japon ?

Miko : Non, j'habite à Tokyo.

Ali : Et vous faites quoi à Tokyo ?

Miko : Je suis étudiante.

Ali : Ah bon ! C'est fantastique. Quelle est votre spécialité ?

Miko : Je suis en littérature.

Ali : D'accord. Content de vous avoir rencontré !

Vocabulaire

1	la montagne	山
2	littérature	文学
3	être fan	〜が好き（〜のファン）
4	un échange universitaire	交換留学
5	déranger	〜に迷惑をかける
6	un jeu vidéo	ビデオゲーム

Conversation B 23-02

Ali : Bonjour ! Je m'appelle Ali. Enchanté. Vous vous appelez comment ?

Miko : Je m'appelle Miko Suzuki, je suis japonaise, enchantée ! **Vous connaissez Maëlle depuis longtemps ?**

Ali : Oui, nous étions dans le même lycée. Je suis un vieil ami ! Alors, vous êtes japonaise ! J'adore le Japon. Vous êtes de Tokyo ?

Miko : Non, Je viens de Kobe. Je ne sais pas si vous connaissez ?

Ali : Non, hélas, je ne suis jamais allé au Japon.

Miko : Ah bon ! Kobe une très jolie ville, avec à la fois la mer et la montagne. Mais maintenant j'habite à Tokyo. Je suis étudiante en littérature, et je suis en France pour un échange d'une année. C'est comme ça que j'ai rencontré Maëlle ! **C'est vrai que vous adorez le Japon ?**

Ali : Oui, je suis un grand fan de jeux vidéo et j'adore les jeux Nintendo depuis que je suis petit. Je rêve d'aller au Japon ! Ça te dérange si on se tutoie ?

Miko : Non, bien sûr. À propos de jeux vidéo, je peux te poser une question ? **Quel est ton jeu vidéo japonais préféré ?**

1. Quelles sont les différences dans les réponses de Miko entre la conversation A et la conversation B ?

....

....

....

....

2. Observez les phrases en bleu dans le texte. Ce sont des questions explicites qui contiennent également des questions implicites. Par exemple : "Vous vous appelez comment ?" demande le nom de Miko, mais Ali lui suggère également de se présenter.
Cherchez les questions implicites de chaque phrase en bleu et écrivez-les ci-dessous :

Exemple : *Ali : « Vous vous appelez comment ? »*
Questions implicites auxquelles Miko répond dans le dialogue ci-dessus :
→ 1. Tu es qui ? 2. Tu es d'où ? 3. Que fais-tu en France ?

Ali : « Vous connaissez Maëlle depuis longtemps ? »
Questions implicites auxquelles Miko répond dans le dialogue ci-dessus :

....

Ali : « Non, hélas, je ne suis jamais allé au Japon. »
Questions implicites auxquelles Miko répond dans le dialogue ci-dessus :

....

Miko : « C'est vrai que vous adorez le Japon ? »
Questions implicites auxquelles Ali répond dans le dialogue ci-dessus :

....

3. Ali et Miko relancent régulièrement la conversation. Trouvez des exemples de phrases et de commentaires qu'ils utilisent pour continuer à discuter.

Exemple 1 : *Vous connaissez Maëlle depuis longtemps ?*

Exemple 2 : ....

Exemple 3 : ....

Exemple 4 : ....

Les mots de la conversation

23-03

Commenter
- C'est vrai ?
- Ah bon ?
- C'est fantastique !
- Ah ! C'est incroyable !
- Ça a l'air super !
- Je ne connaissais pas.
- J'aimerais beaucoup y aller.
- C'est vraiment dommage pour vous.

Réfléchir
- Heu...
- Hum...
- Oui
- Attends
- Un instant
- Laisse-moi réfléchir

Relier
- Donc
- En effet
- C'est pour ça
- À propos de...
- Ah, j'allais oublier
- Je peux vous poser une question ?

Activité 1

Miko et Ali discutent de leurs projets pour Noël. Par paires, réécrivez la conversation A en conversation B, en vous basant sur les informations données dans la conversation A. Vous pouvez ajouter de nouvelles informations que vous inventerez. Essayez de réécrire la conversation de la façon la plus dynamique possible.

Vous pouvez vous aider de la liste d'expressions « Les mots de la conversation ».

21-04

Conversation A

Miko : Qu'est-ce que tu fais pour Noël ?

Ali : Je vais chez mes parents.

Miko : Ils habitent où ?

Ali : Ils habitent à Lille.

Miko : Qu'est-ce que tu vas manger pour Noël ?

Ali : Nous allons manger des huîtres et du foie gras.

Miko : Qu'est-ce que vous allez faire chez vous ?

Ali : À minuit, nous allons échanger des cadeaux.

Miko : Qu'est-ce que tu vas avoir comme cadeau ?

Ali : J'ai demandé une paire de baskets de marque. Qu'est-ce que tu vas faire pour Noël ?

Miko : Je vais aller au cinéma parce que je n'ai pas de famille en France.

Ali : Tu vas voir quel film ?

Miko : Je ne sais pas encore. Je veux voir un film de Noël.

Ali : Tu peux plutôt venir chez mes parents.

Miko : C'est très gentil. Qu'est-ce que j'apporte ?

Ali : Tu peux apporter une bouteille de Champagne, par exemple.

Conversation B

Miko : Qu'est-ce que tu fais à Noël ?

Ali : ....

....

....

....

....

....

....

....

....

....

....

....

Activité 2

Jouez devant la classe le dialogue que vous avez écrit.

Dialogues

Écoutez la piste audio et trouvez les mots manquants.

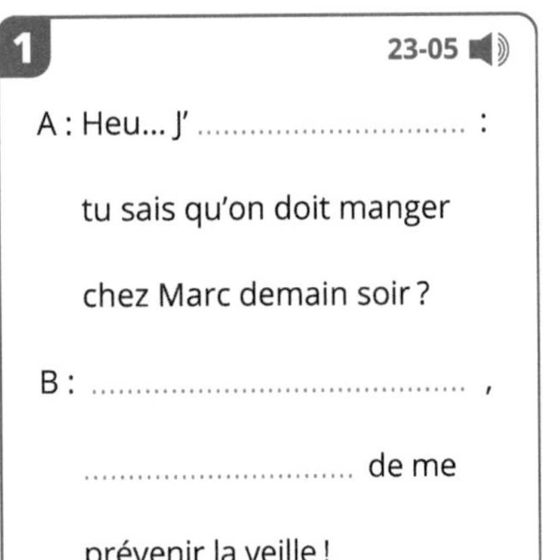

1 23-05

A : Heu... J' .... : tu sais qu'on doit manger chez Marc demain soir ?

B : .... , ... de me prévenir la veille !

2 23-06

A : J'ai .... deux billets pour le concert d'Angèle au Stade de France.

B : .... ! Tu y vas avec qui ?

3 23-07

A : J'ai raté l' .... de la semaine dernière.

B : C'est .... toi ! Mais tu pourras te rattraper.

Conseils pour mieux converser

Comme vous l'avez sûrement compris, « converser » avec des Français, ce n'est pas juste « bien parler français », même si cela aide bien sûr. Il vous faudra donner aux francophones que vous rencontrerez l'envie de parler avec vous. Pour cela, il faut savoir rendre sa conversation intéressante, leur faire sentir que vous avez envie de parler avec eux, de partager des choses sur vous, sur vos goûts, votre pays, et que parler avec vous sera pour eux un enrichissement.

Pas besoin d'avoir une vie passionnante ou des capacités conversationnelles hors du commun. Respectez seulement les quelques règles d'or de la conversation suivantes :

1. Donnez des réponses longues, en ajoutant le plus d'informations possible.

Parler, c'est d'abord parler de soi. Ne soyez pas timide, parlez de vous en utilisant « moi, je... » et partagez qui vous êtes et ce que vous aimez.

2. Répondez aux questions implicites

Les questions implicites sont des questions sous-entendues par votre interlocuteur. On vous demande si votre ville natale est belle ? La question implicite est : « Parlez-nous de votre ville natale, dites-nous comment elle est et ce qu'on y trouve d'intéressant. »

3. Posez des questions explicites et implicites qui montrent que vous vous intéressez à ce que dit votre interlocuteur.

Si parler de soi est important, s'intéresser à l'autre est également essentiel. Aidez votre interlocuteur en lui posant des questions intéressantes sur ce qu'il vous dit.

Converser est amusant et enrichissant, et même si c'est parfois frustrant de ne pas pouvoir s'exprimer aussi bien en français que dans sa langue natale, pouvoir partager qui vous êtes avec des personnes d'autres cultures tout en découvrant qui ils sont, dans leur langue, est une expérience extraordinaire qui vaut tous les efforts que vous faites.

あなたはきっと、フランス語話者と「会話をする」のは、「フランス語を上手に話す」ことだけではないと理解したと思います。相手に対して「この人と話したい」と思ってもらうようにする必要もまたあるのです。そのためには、会話を興味深いものにしようとする気持ちや、話に積極的に参加する姿勢を見せねばなりません。これは、あなたの好みや出身地、つまりあなた自身について相手に共有しようと試みることで可能になります。会話をした後に、相手に「豊かな時間だったな」と思ってもらえたら嬉しいですよね。

繰り返し伝えてきた通り、並はずれた人生経験や高いコミュニケーション能力は不要です。次の3つの「ゴールデンルール」に従って会話をしたら良いのです！

1 できるだけ多くの情報を加えて、長い文で返答すること。

話すということは、第一に自分について話すことです。恥ずかしがらずに、「Moi, je…」を使って、自分がどんな人間で、何が好きなのか共有しましょう。

2 相手の質問の意図を理解して、返答すること。

質問の中にある言外の意味や、相手の意図を理解しましょう。たとえば、「あなたの出身の街は美しいでしょう？」と聞かれたとします。この質問の言外の意味は、「あなたの街がどんなところか、どんな素敵なところがあるのか教えてください」というものです。このよう質問者の意図を適切に理解できると良いでしょう。

3 相手の話に興味があることを示して、明示的・暗示的な質問をすること。

自分について話すのはもちろん大事ですが、相手の話に興味を持つことも大切です。相手が言ったことに興味を示して質問し、やりとりを発展させましょう。

会話とは、楽しく豊かなものです。使い慣れた母国語ではなくフランス語で話すとなれば、自分の言いたいことをうまく表現できず、時にはフラストレーションを抱くときもあるかもしれません。しかし、異なる文化をルーツに持つ人々と、彼らの言語を使って会話をしたら、きっとこれまでの努力が報われるような素晴らしい経験になりますよ！

C'est quoi le cadeau que tu rêverais de recevoir à Noël ?

Ça veut dire que tu veux me faire un cadeau ?

24 Quoi de neuf ?

CONVERSATION *Je sais parler de tout et de rien.*

ÉTUDIANTS  PROFESSEURS 

Conversation modèle

Nous avons vu les sujets de conversations ci-dessous tout au long du manuel. Pour chaque sujet, réfléchissez à votre réponse, mais sans l'écrire de façon précise : ne prenez que quelques notes. 24-01

1

Exemple : *Tu peux me conseiller un film / un livre / un groupe de musique ?*
→ *Totoro, Kokoro, Mr.Children*

1. Au fait, tu peux me conseiller un film / un livre / un groupe de musique ?

   Mes notes : ....

2. Je voulais te demander, quels sont tes loisirs ?

   Mes notes : ....

3. Dis donc, qu'as-tu fait durant les vacances ?

   Mes notes : ....

4. Je pars chez mes parents pour les prochaines vacances. Et toi, que vas-tu faire pendant les prochaines vacances ?

   Mes notes : ....

5. À propos, qu'est-ce que tu as fait le week-end dernier ?

   Mes notes : ....

6. Dis-moi, que vas-tu faire ce week-end ?

   Mes notes : ....

7. En parlant du quartier, tu peux me conseiller des lieux autour de l'université / de l'école ?

   Mes notes : ....

8. J'adore le Japon. J'aimerais beaucoup que tu me parles du Japon et de la ville où tu habites !

   Mes notes : ....

9. J'étudie la littérature à l'université. Et toi, qu'est-ce que tu étudies ?

   Mes notes : ....

10. Dites-moi, que faites-vous comme travail ?

    Mes notes : ....

Grammaire 1

le gérondif

parler → en parlant
En parlant de film, tu as vu le dernier Ghibli ?

réfléchir → en y réfléchissant
En y réfléchissant bien, je ne crois pas que le professeur ait donné des devoirs pour la semaine prochaine.

❶ Amener la conversation	24-02
1	Dis donc...
2	Dis moi,...
3	Je voulais te demander...
4	Alors, ça te dit de...
5	Alors, quoi de neuf Paul?
6	Ah, comme il fait beau. Enfin du soleil!
7	Bien sympa ce petit resto...
8	Dis-donc Akira, tu sais que...
9	Ça fait longtemps qu'on ne s'est pas vus!

❷ Changer le conversation	24-03
1	À propos...
2	Justement,...
3	Je change de sujet mais,...
4	D'ailleurs,...
5	en parlant de... (voir Grammaire 1)
6	Au fait,...
7	Au fait, qu'est-ce que tu penses de...?

Activité

Lisez les conversations suivantes. Ajoutez des transitions entre les thèmes de discussion pour que la conversation soit la plus fluide possible. Vous pouvez vous inspirer du vocabulaire ci-dessus.

Exemple : *A : Le film était trop bien !*
B : C'est vrai. .... *On pourrait aller manger dehors si tu veux.*

→ *A : Le film était trop bien !*
B : C'est vrai. ***Mais il m'a donné faim*** *! On pourrait aller manger dehors si tu veux.*

1. A : Tu as eu le temps de préparer ton exposé durant les vacances ?

   B : Je suis un peu en retard. .... , quelle est la date limite pour le rendre ?

2. A : C'est dommage que l'équipe japonaise ait perdu hier.

   B : Oui, ils ont bien joué pourtant. .... qui est ton joueur préféré ?

3. A : Tu as des nouvelles de l'année d'échange de ta sœur en France ?

   B : Oui, ça se passe très bien. .... , elle m'a dit qu'elle aimerait beaucoup que tu lui envoies une lettre !

4. A : J'ai dormi tout le week-end ! Je crois que j'étais vraiment fatiguée.

   B : Ça fait du bien de se reposer parfois. .... , je voulais te proposer de sortir ensemble le week-end prochain.

5. A : J'en ai marre de mon petit boulot. Il est trop stressant.

   B : Je comprends que tu en aies marre. .... , tu as fait quelque chose d'amusant ces derniers jours ?

Parler

Faites une discussion par groupes, en utilisant vos notes. Vous pouvez discuter librement des différents thèmes, et même en choisir d'autres. Faites attention à travailler les transitions entre les différents sujets de discussion. Il n'y a pas de questions ni de commentaires complémentaires, car désormais, vous les connaissez tous !

Dites-moi, qu'allez-vous faire ce week-end ?

Rien du tout : je vais me RE-PO-SER !

Moi, je vais voir une expo avec des amis, tu veux venir avec nous ?

Dialogue

Florent et Sayuko discutent de la vie de Sayuko en France et d'une sortie cinéma. Écoutez la piste audio et observez comment ils entretiennent la conversation. **24-04**

Florent : Alors quoi de neuf, Sayuko ? Tu te fais à la vie en France ?

Sayuko : Ça a été un peu dur au début, il y avait tellement de choses à faire ! Mais maintenant que je suis installée, j'en profite à fond. Dis donc, en parlant de choses à faire, le professeur d'histoire avait donné quoi comme date limite pour le rapport ?

Florent : Ne t'inquiète pas, il y a encore un mois ! Du coup, je peux te proposer d'aller au cinoche ce samedi ?

Sayuko : Ahah. Oui, pourquoi pas ? J'aimerais bien voir la nouvelle comédie avec Vincent Lacoste !

Florent : Ah, je l'ai déjà vue avec Myriam.

Sayuko : Et elle est bien ?

Florent : Oui, si tu aimes l'humour de Lacoste, tu devrais adorer ! Mais on peut trouver une autre comédie...

Sayuko : Tant qu'on va au cinéma ensemble, on peut voir n'importe quoi ! À propos, Myriam va bien ? Ça fait longtemps que je ne l'ai pas vue !

Florent : Oui, elle vient de commencer son nouveau boulot. Si tu veux, on peut lui proposer de venir ?

Vocabulaire

1 le cinoche = le cinéma (argot)

2 Vincent Lacoste = un acteur français

3 un boulot = un travail (argot)

Conseils pour mieux converser

Nous avons vu ensemble trois grands thèmes de la conversation :

1. Parler de soi, de son travail, de ses loisirs
2. Parler d'art, de cinéma, de livres, de culture
3. Parler du Japon, de sa culture, de sa nourriture.

Ces trois thèmes doivent vous inspirer quand vous ne savez pas de quoi parler avec vos interlocuteurs. Mais il reste à savoir comment engager la conversation.

Avec des amis, pas de problème. Un simple : « Quoi de neuf ? » suffit. Après, vous pouvez discuter de choses et d'autres. Mais parfois on veut engager la conversation avec des personnes qu'on ne connaît pas très bien.

Il vous faudra faire preuve d'imagination pour trouver une première chose à dire. D'abord quelques principes de base : souriez, regardez votre interlocuteur dans les yeux, soyez détendu. C'est plus facile de parler avec quelqu'un d'un abord agréable ! Ensuite, trouvez une accroche, une simple remarque amusante, ou un commentaire gentil suffit souvent à lancer une conversation. Voici quelques exemples en photo :

これまで、以下の３つのテーマに沿って、学習してきました。

1. 自分のことや職業、あるいは趣味について話すこと。

2. 芸術、映画、本、文化について話すこと。

3. 日本や日本文化、和食について話すこと。

これらは、相手と何を話していいかわからないときに、きっとあなたを助けてくれるはずです。しかし、これ以外にも知らなければならないことがひとつ残っています。それは、会話を始める方法です。

友人と会話するときは、簡単です。シンプルに「Quoi de neuf?（最近どう?）」と聞くだけで良いからです。それを言った後は、好きな話題で話ができるはずです。しかし、あまりよく知らない人と会話をする機会もきっとあるでしょう。

そうした場合、第一声には工夫が必要です。まず、基本的なこととして、笑顔で、相手の目を見て、リラックスして話すと良いでしょう。誰しも感じのいい人と話す方が気が楽ですよね！そして、会話のきっかけになるようなものについて考え、優しく言葉をかけ、気軽に会話を始めてください。以下にその例を写真付きで挙げます。

24-05

Garçon : Excusez-moi, je cherche le centre-ville.

Fille : Vous suivez cette rue et vous tournez sur la droite au deuxième feu.

Garçon : Merci ! **Je suis japonais et je viens d'arriver !** Je me perds dans la ville !

Fille : Vous êtes japonais ! J'adore le Japon.

24-06

Client : Bonjour, je suis japonais et je viens d'arriver en France. Je ne sais pas trop quoi acheter. **Que me conseilleriez-vous comme viennoiserie ?**

Vendeuse : Notre spécialité est le croissant aux amandes. Si vous aimez les amandes, c'est un vrai délice !

24-07

Étudiant : Excusez-moi, je suis étudiant en échange, et j'ai rien compris au cours ! Le prof parle trop vite. **Ça vous dérangerait de me montrer vos notes ?**

Étudiante : Non, bien sûr, si vous voulez on peut se poser autour d'un café.

Contributeurs

Remerciements

Merci beaucoup à toute l'équipe qui a permis à ce manuel de voir le jour : les contributeurs pour leurs nombreuses propositions et leurs relectures attentives (Bruno Vannieu, Chloé Bellec, Saki Ishii, Bruno Jactat), Adélaïde qui a su rendre clairs et agréables à l'œil les leçons, toute la très sympathique équipe d'Alma, et mes confrères et amis qui ont eu la patience de me conseiller et de partager leur expérience d'enseignement avec moi (Tristan Brunet, Tino Bruno, Vincent Cario, Clément Dardenne, Albéric Dérible, Jean-françois Graziani, Christophe Lavignasse, Bertrand Sauzedde, Denis Taillandier).

Moi, je... コミュニケーション A2

2023 年 3 月 25 日　初版第 1 刷発行
2023 年 4 月 5 日　初版第 2 刷発行

著　者	Simon Serverin avec Bruno Vannieuwenhuyse, Saki Ishii, Chloé Bellec et Bruno Jactat.
グラフィックデザイン	Adélaïde Conort
表紙デザイン	Eric Vannieuwenhuyse
発行所	Alma Publishing / アルマ出版 E-mail : info@almalang.com Tel : 075-203-4606 Fax : 075-320-1721
©2023 Alma Publishing	ISBN 978-4-905343-34-9　定価（本体 2500 円＋税） Printed in Japan

Commandes　ご注文・お問い合わせ

Alma Publishing

www.almalang.com

info@almalang.com

Tel : 075-203-4606